AF856784

Kritische Vierteljahresschrift
für
Gesetzgebung und Rechtswissenschaft

herausgegeben von

DrDr. K. v. Birkmeyer, A. Dyroff, R. v. Frank, F. Hellmann, L. Wenger,
Professoren der Münchener Juristenfakultät.

Dritte Folge. Band XVII, Heft 1.
(Der ganzen Folge Band LIII, Heft 1.)

1915.
München, Berlin und Leipzig.
J. Schweitzer Verlag (Arthur Sellier).

Inhalt.

	Seite
I. Allgemeines.	
Corniceliu s, Heinrich v. Treitschkes Briefe (Waldecker)	1
II. Rechtsgeschichte.	
1. Brinkmann-Bondi, Altes und Neues über Sammelvermögen (San Nicolò)	17
2. Fathy, Mahmoud, La doctrine musulmane de l'abus des droits (San Nicolò)	18
3. Galgano, Salvatore, J limiti subiettivi dell' antica usucapio (San Nicolò)	21
4. Kooiman, C. L., Fragmenta juris Quiritium (San Nicolò)	23
III. Zivilrecht.	
1. Emil Strohal, Schuldpflicht und Haftung (Hellmann)	25
2. Buch, Schuld und Haftung im geltenden Recht (Hellmann)	35
3. Schreiber, Schuld und Haftung als Begriffe der privatrechtlichen Dogmatik (Hellmann)	43
IV. Strafrecht.	
1. Lohmann, Die Kompensation bei Retorsion gegen Beleidigungen durch Mitglieder deutscher Parlamente (Doerr)	73
2. Stooß, Lehrbuch des Österreichischen Strafrechts (A. Köhler)	74
3. Storch, Über den Begriff, die Arten und die Bestrafung der culpa (Doerr)	79
4. Tosti, Alfredo, Delle Contravvenzioni (A. Köhler)	80

V. Staats- und Verwaltungsrecht. Seite
1. Walter Jellinek, Gesetz, Gesetzesanwendung u. Zweckmäßigkeitserwägung (Waldecker) . . 83
2. Bühler, Die subjektiven öffentlichen Rechte und ihr Schutz in der deutschen Verwaltungsrechtsprechung (Waldecker) 117
3. Loening, Das Preußische Gesetz vom 10. Juni 1854 betr. die Deklaration der Verfassungsurkunde (Waldecker) 133
4. Loening, Abhandlungen und Aufsätze (Waldecker) 140
Literatur zum Preußischen Wassergesetz 145
5. Klöß, Grundriß des preuß. Wasserrechts (Waldecker) . . 145
6. Baumert, Leitfaden des Preuß. Wasserrechts nebst Text des Wassergesetzes (Waldecker) 147
7. Holtz-Kreutz, Das Preuß. Wassergesetz vom 7. April 1913 nebst Ausführungsverordnungen (Waldecker) 148
8. Lenhard-Reichau, Preuß. Wassergesetz vom 7. April 1913 (Waldecker) 150

Die Einsendung von Rezensionsexemplaren wird an die Verlagsbuchhandlung **J. Schweitzer Verlag (Arthur Sellier), München Ottostr. 1a** erbeten. Separatabzüge aus Zeitschriften sowie Dissertationen finden regelmäßig keine Besprechung. Auch sonst behält es sich die Redaktion vor, nicht zur Besprechung geeignete Bücher zurückzustellen.

Die Herren Referenten tragen für Form und Inhalt ihrer Referate die alleinige Verantwortung. Erwiderungen können nach steter Übung der Zeitschrift nicht aufgenommen werden.

Die Herren Mitarbeiter werden gebeten ihre Manuskripte an jenes Mitglied der Redaktion einzusenden, von dem sie um das Referat ersucht worden ist.

Ältere Jahrgänge der KrVSchr.

Wir bieten an

Bd. 1—52, herausg. von Pözl usw. Mit Vorläufer: Kritische Überschau Bd. 1—6 München 1853—1914. geb. Mk. 180.—.

—— Teilweise vergriffen. ——

Desgl. Bd. 47—52, München 1907—1914, geh. Mk. 50.—.

München, Ottostr. 1a. **J. Schweitzer Sortiment**
(Arthur Sellier)
Buchhandlung, Antiquariat und Mietbücherei.

Zum Seekriegsrecht!

Das internationale Prisenrecht

nach den Beschlüssen der II. Haager Friedens- und der Londoner Seekriegrechts-Konferenz.

Von **Dr. jur. et rer. pol. Otto Hirschmann,**
Rechtsanwalt in Nürnberg.

Gr. 8°. 164 S. Geheftet Mk. 4.50.

Das Werk gibt eine vorzügliche Übersicht über das weite zurzeit noch nicht völlig geklärte Gebiet des Prisenrechts auf Grund der letzten internationalen Konferenzen.

J. Schweitzer Verlag (Arthur Sellier) München, Berlin und Leipzig.

I.

Allgemeines.

1. Heinrich v. Treitschkes Briefe. Herausgegeben von Max Cornicelius. Leipzig, S. Hirzel. Bd. 1. 1912. 485 S. Bd. 2. 1913. 469 S. Preis je 10.— Mk.

Der Hirzelsche Verlag hat es sich nicht nehmen lassen, auch den schönsten Teil der Schriften Treitschkes dem deutschen Volk zugänglich zu machen, seine Briefe, in denen nicht der Gelehrte zu uns spricht, sondern der Mensch zum Menschen. Und doch wird uns weit mehr geboten, als das gelegentliche Sichmitteilen eines gebildeten, vornehm denkenden Mannes. Eine derart ausgeprägt subjektive Natur, ein derart in sich geschlossener Charakter, ein solcher Forschergeist wie Treitschke geht nicht an den Erscheinungen des Lebens gleichgültig vorüber. Er macht seine Betrachtungen und Studien, das gärt und arbeitet, und schließlich schlägt sich das Bild des Erlebnisses gelegentlich einer Mitteilung an Freunde und Verwandte nieder. Und so kommt uns nicht nur der Mensch, sondern auch der Gelehrte näher — viel näher, als wenn wir eine schöne Biographie oder das Lebenswerk selbst zur Hand nehmen. Wir sehen den Gedanken andeutungsweise irgendwo auftauchen, wir erleben das Ringen mit ihm und das Gestalten, und plötzlich steht er wie aus einem Guß vor uns — so wie er später im Werk des Gelehrten uns entgegentritt. Es ist eine ganz besondere Freude, gerade Treitschke bei diesem intimen Werk zu verfolgen; wohl kaum hat ein Forscher so offen und ehrlich seine werdenden Gedanken Dritten mitgeteilt, darunter Gedanken, die in ihrer Zeit zu äußern mitunter gar nicht ungefährlich war, und solche, die noch heute mancher aus Angst sich zu schaden selbst im nächsten Familien- und Freundeskreis auszusprechen sich hüten würde.

Aber gerade das macht diesen Briefwechsel so unendlich wertvoll. Er weist uns die Linien der Entwickelung und die allmähliche Gestaltung des gelehrten Lebenswerks Treitschkes. Bis in die früheste Kindheit hinein reichen die Eindrücke und Gedanken, denen der spätere Forscher und Gelehrte dann Ausdruck verlieh. Und wir von heute können uns nur wundern über das reife Urteil des noch Minderjährigen, das er vielfach später unter dem Einfluß älterer Erfahrung und gelehrter Schriften, mitunter auch der „Autoritäten" wieder geändert hat. Ja — so sehr Treitschke die Autoritäten verspottet hat, er ist selbst doch mitunter auf den Autoritätenglauben hereingefallen. Und der vorliegende Briefwechsel läßt ganz genau den Nachweis dafür erbringen, welche „Autorität" jeweils in Frage kommt und inwiefern. Außer einer derart wertvollen Forschungsquelle für das Werk Treitschkes bedeuten die Briefe aber auch eine bedeutende Erweiterung dieses Werks, die zugleich ein wichtiger Beitrag zur Zeitgeschichte darstellt, insofern hier vieles gesagt und besprochen wird, wofür im Werk des Gelehrten und des Politikers kein Raum war — was aber gerade deshalb für den Lauf der Ereignisse von Bedeutung wurde, sei es, daß Pläne entwickelt und geändert, Beziehungen angeknüpft, gepflegt und abgebrochen, Ereignisse geschildert und kritisiert werden, wobei so manches durchsickert, was man zwar im stillen Kämmerlein, aber nicht vor der Öffentlichkeit zugibt.

Bieten die „Briefe" insofern schon eine Fülle der Anregung, so macht die Art des Sichmitteilens diese „Briefe" zu einem der schönsten und lesenswertesten Bücher, das wir überhaupt besitzen. Wir wollen ehrlich sein; diese Briefe, die rückhaltlos das Kämpfen und Ringen eines Mannes enthüllen, dem wir Deutsche unendlich viel verdanken — diese Briefe sind der schönste Beitrag, den der Verlag Hirzel uns geben konnte. Und das verstehen wir gerade heute doppelt gut, wo der Gedanke der deutschen Einheit und der darin liegenden Kraft sich so glänzend bewährt, wo das ganze deutsche Volk vom ersten bis zum letzten Mann einschließlich seiner Fürsten bereit ist, Gut und Blut für das zu opfern, wofür Treitschke lebte und kämpfte, um über Parteigezänk, Macht- und dynastische Gelüste, Quertreibereien selbstsüchtiger Politiker und Publizisten, Neid und Mißgunst der Kollegen vielfach nicht gehört zu werden. Ob der Weg, auf dem er das Ziel ursprünglich suchte, der richtige war, ob auch er Menschen und Zeit mitunter falsch bewertet hat, das ist hierbei gleichgültig. Er sah das Ziel richtig voraus; er hat sich als Mensch, Politiker und Gelehrter für dieses Ziel mit allen Kräften und ohne Rücksicht auf die für ihn möglichen Folgen unentwegt eingesetzt. Und dieses Ziel ist heute endlich erreicht; am Abend des 1. August 1914, als der Draht die Kunde von der Mobilmachung in alle deutschen Gaue trug, da schlug uns allen das Herz in dem einen und einzigen Gedanken, in dem einzigen Bewußtsein, ein Deutscher zu sein und diese Zeit miterleben zu dürfen. Freilich — ob der Gedanke jetzt schon so fest sitzt, daß vor diesem Deutschbewußtsein alles andere in den Hintergrund zu treten habe, das ist eine Frage für sich. Und hier liegt eben der unendliche Wert, den unsere „Briefe" besitzen, indem sie uns in den unmittelbar menschlichen Gedankenkreis eines Deutschen versetzen in einer Zeit, da ein „Deutscher Bund" dafür sorgte, daß der deutsche Name im Ausland zu Gespött wurde.

Bis zum Ende dieses Deutschen Bundes reichen die vorliegenden beiden Bände. Sie umfassen nicht alle Briefe, die Treitschke in dieser Zeit geschrieben hat. Ebenso sind sie mitunter nicht vollständig abgedruckt. Es ist das zu verstehen; andrerseits bleibt so manche Lücke, die man gern ausgefüllt sähe, so wenn die entzückend liebenswürdigen Familienintima mitunter fehlen, die aber gerade den Menschen uns so nahe bringen. Auch manche wichtige Briefe fehlen, die vorhanden sind und deren Inhalt nur angedeutet wird, was aber keinen rechten Ersatz bietet. Sei es darum. Dieser kleine Schönheitsfehler hat gegenüber der sonstigen Vollständigkeit nicht viel zu bedeuten; vielleicht kann er auch bei einer wohl zu erwartenden Neuauflage ausgemerzt werden.

Zunächst ist es der Mensch, der in den „Briefen" zu uns spricht. Wegen des Werdegangs darf wohl auf die Schiemannsche Biographie verwiesen werden, die bis 1867 reicht (2. Aufl. 1898). Ein durch und durch wahrhaftiger Mensch, der sich unentwegt für seine Überzeugung einsetzt, der dieselbe Überzeugung als Mensch, Gelehrter und Politiker vertritt, dem schon im Alter von 17 Jahren „die sogenannten politischen Ansichten für jeden, der sein Vaterland liebt, mehr sind als bloße Ansichten, weil sie einen Teil seines innersten Wesens, seines tiefsten Denkens bilden sollen". Und so arbeitet er an sich; er hängt an der Familie, der er innerlich mehr und mehr durch religiöse und politische Fragen entfremdet wird. Er bricht die Freundschaften und Beziehungen kurz entschlossen ab, die er mit seinen Ansichten nicht zu vereinen weiß. Aber mit wem er sich eins weiß, oder bei dem er Verständnis für seine Ansichten voraussetzen kann, dem gegenüber äußert er sich rückhaltlos, den läßt er teilnehmen an seinen Arbeiten und seinem inneren oder äußeren Erleben.

Ein vornehmer Mensch spricht zu uns; nicht deshalb vornehm, weil er die drei Buchstaben „von" vor seinen Namen setzen darf, sondern vornehm der Gesinnung nach, er hat „Charakter". Ihm gilt nur die Sache. Die Person weiß er zu nehmen, wie sie ist, und wie sie sich gibt, auch wenn er sie vielleicht im Herzen verwünscht. Um so schöner wirkt seine Freude, wenn er einem wirklich bedeutenden Menschen begegnet. Er weiß Maß zu halten; auch von dem Gegner spricht er mit Achtung, selbst wenn er dessen Verhalten für unehrlich, schlecht und verwerflich hält, stets sind ihm Person und Sache zweierlei. Und wenn ihn von jemand erhebliche sachliche Gegensätze trennen, opfert er lieber das persönliche Verhältnis, ehe es unter diesem sachlichen Gegensatz leidet.

So ist auch für den Gelehrten die Sache alles, die Person nichts. Wie oft fragt er sich, ob er auch reif für den Beruf des Gelehrten sei, ob er die genügende Vorbildung besitze, um dies oder jenes lehren zu dürfen; und stets bekennt er offen, daß er im Grunde seines Herzens die Frage verneinen müsse. Bei dieser Bewertung bekommen dann die lieben Kollegen manches ab, dessen allgemeine Geltung auch heute mitunter nicht von der Hand zu weisen sein dürfte. Hoch und rein faßte Treitschke das akademische Lehramt auf; das persönlich-häßliche, dem er zu oft begegnete, ringt ihm dann bittere Worte ab. Aber an seinem Glauben an das hohe Amt wird er nicht irre: Was die Person tut, ist nicht die Sache selbst, deren Schattenseiten er aber durchaus nicht verkennt. So schreibt der 17jährige Student (I S. 104) an den Vater: „. . . Das Leben in der Wissenschaft verführt einen Mann von engem Herzen und unklarem Kopf leicht zu leeren Theorien, ebenso das Festhalten in einem ziemlich streng abgeschlossenen Stande (wie der Hof oder der Beamtenstand) leicht zum einseitigen Festhalten von Standesvorurteilen. Die Schuld solcher Verirrungen fällt also doch nicht auf den Stand, sondern auf die Person." Acht Jahre später schreibt der junge Privatdozent (II S. 12): „Ich habe als akademischer Lehrer nicht nur das Recht, sondern auch die ausdrückliche Pflicht nichts anderes zu lehren, als meine volle wissenschaftliche Überzeugung ohne jede Nebenrücksicht . . . . Ich bekenne mich zu der Meinung . . ., daß die Wissenschaft niemals Parteisache sein darf." Galt es insoweit einer Rechtfertigung gegenüber dem Vater, so erscheint am Schlusse desselben Briefes die Abneigung gegen den kleinlichen Geist gewisser Professoren, die er bereits vor acht Jahren verurteilt hatte: „Die Besuche bei den Professoren waren eine soziale Tortur ohnegleichen . . ." Und dann folgen die Ausbrüche Schlag auf Schlag: „Ich habe noch keine einzige Anzeige der (Habilitations-)Schrift gelesen . . . Ich habe einige Allmächtige . . . hart getadelt, ja verspottet; wenn mich diese Leute nicht widerlegen können, so schweigen sie mich mindestens tot . . . Unter den Leipziger Professoren sind Leute von europäischem Namen, du kannst sie an den Beinen aufhängen, es fällt kein Funken Geist heraus" (II S. 33). „Die älteren Professoren, die ihre Gesinnung entweder durch Servilität oder durch Schmollen betätigen, sagten nein; unter meinen jüngeren Kollegen waren viele mit Freuden bereit; aber man sagte uns (leider mit Recht) da die älteren Herren abgelehnt, sei es um der üblen Nachrede willen besser, wenn die Universität ganz aus dem Spiel bleibe" (II S. 49). „Ich sah recht, wie nahe sich der Dozentenberuf mit dem des Schauspielers berührt" (S. 56). „Auch die Stellung an der Universität hat ihre häßlichen Seiten . . . . es ist doch etwas Totes, Unnatürliches in diesem Berufe" (S. 59). „Die Professoren haben zwar ihre Teilnahme (an der Feier von Schillers 100. Geburtstag) durch Ehrenpromotionen bekundet, aber ich habe hinter die Kulissen gesehen und den jämmerlichen Hader betrachtet, der vorherging, dieser maßlose Gelehrtendünkel. Ein Professor frug geradezu: was hat der Mann eigentlich genützt? — und wenn man das Gerede mit anhörte, so konnte man zu dem trostlosen Irrtum gelangen, Kunst und Gelehrsamkeit seien Antipoden" (S. 64). „Überhaupt ist es ein recht seltsamer Wahn, der Glaube, der auf Schulen und Universitäten gepredigt wird, daß ein corpus academicum eine Aristokratie des Geistes repräsentiere. Ich habe in jedem anderen Stande ebensoviel gute Köpfe gefunden, ebensoviel Menschen von Ideen und ganz gewiß mehr Männer, deren Bildung und Charakter zu einem harmonischen Ganzen verschmolzen waren" (S. 87). Auf mißgünstige Kollegen bezieht es sich, wo er der Mutter schreibt: „Du wirst gesehen haben . . . daß die Duldung recht eigentlich mein Ideal bildet" (S. 165), und an den Vater: „Willst Du fremde Urteile über mich beachten, so höre wenigstens nicht, ich bitte Dich, auf diese spaßhaften Kerle. Kenntest Du sie persönlich, Du würdest herzlich über die Hanswürste lachen" (S. 266) usw.

Ein tiefinnerlich fühlender Mensch redet zu uns; das heute so beliebte Schwimmen auf der Oberfläche ist ihm ein Greuel. Von Herzen muß es kommen. So wird ihm alles Erleben zum wirklichen Erlebnis. Seine Dichternatur bricht überall durch. So kommt er denn auch über die mit dem bekannten Gehörleiden verbundenen Schwerlichkeiten hinweg: „. . . glaube ich doch, daß es so am besten ist. Denn das einzig praktische Resultat, was ich daraus ziehen kann, ist allemal: Werde ein recht tüchtiger Mensch und ersetze durch deinen Wert, was dir die Natur versagt! — Und dies ist auch eine von den Lehren, die sich nur im Schmerze lernen lassen" (I S. 178). Zu Herzen gehen in ihrer einfachen Bescheidenheit der Brief an den Vater beim Tode der Mutter (II S. 166) und der an Gustava v. Haselberg, in dem er des Todestags gedenkt (II S. 188). Wo wir aufschlagen: ein warmes, aus dem Herzen kommendes Leben und Empfinden pulst uns entgegen, mag uns nun der Schüler seine Eindrücke anläßlich der 1849er Straßenkämpfe, der Student das flotte Burschen- und Wanderleben, der junge Gelehrte sein Leben, Wirken und Schaffen mitteilen. Er ist dabei mit Leib und Seele; wir fühlen, wie die Gedanken durch den Angeredeten gewissermaßen in bestimmter Richtung gedrängt werden und so zu einem Abschluß gelangen. Es ist die Werkstatt des Dichters und Künstlers, in die wir schauen — nicht das elegante Atelier, in dem man den Besucher im Gesellschaftsanzug empfängt, sondern die Werkstatt, in der die Späne fliegen, in der zur Arbeit das Lied des frohgemuhten Arbeiters klingt. Eine Lebensbejahung sondergleichen zieht durch die Briefe, trotz aller Beschwernisse und Mühseligkeiten des Lebens — dankbar weiß der Schreiber diese Mitgift der Abstammung und des Elternhauses zu schätzen.

Und diese Lebensbejahung läßt ihn auch in der Frage den Mut nicht sinken, der sein Lebenswerk gewidmet war, auch wenn ihm mitunter das Herz sehr schwer ist: In der deutschen Frage. Die Machtpolitik auswärtiger Staaten, innere Zerrissenheit und kleinlichste partikularistische Mißgunst, klerikale und fürstliche Willkür — alles drängte zusammen, um die deutsche Frage für fast unlösbar zu halten. Wie oft sieht der Briefschreiber die letzte Rettung in einer Revolution; schier verzweifelnd erhebt er seine Anklage gegen die übel beratenen deutschen Fürsten und deren Ratgeber, besonders seiner engeren sächsischen Heimat. Aber er sieht das Ziel: Deutschland und Österreich zwei selbständige Körper nebeneinander, die ihre eigenen Wege gehen und dabei doch einander ergänzen können. Und so kann er 1860 schreiben (II S. 96): „Man nennt mich einen Heiden, und ich bekenne mich unfähig, bei dem christlichen Gottesdienst irgend etwas anderes als Spottlust zu empfinden. Aber eine tiefe Andacht hat mich oft durchschauert, wenn ich in der großen Tragödie der deutschen Geschichte jene höhere Fügung handgreiflich vor Augen sah, die uns nicht sinken lassen wird, wenn ich über dem Staube menschlicher Torheit und Sünde das erhabene Lächeln einer göttlichen Macht erkannte, welche weiß, daß sie uns zum Ziele führen wird. Wahrlich, dies Volk ist wunderbar geführt worden; wäre dieser Werdegang unserer Nation nur eine Kette wüster Zufälle, dann hätte das Leben für mich keinen Reiz mehr. Ich kann Dir nicht recht schildern, wie ich mir dies Geheimste menschlichen Glaubens, die Vorsehung, vorstelle. An einen persönlichen Gott zu glauben verbietet mir das monumentale ‚omnis determinatio est negatio‘, über das meine Logik, und denke ich jede rücksichtslos kühne Logik nicht hinauskommt. Aber das Dasein weltbauender geistiger Gesetze nicht bloß zu glauben, nein, sie zu erkennen, das ist der Segen der Historie. Laß mir auch ein wenig von dem Vertrauen auf ein sicheres Fortschreiten zuteil werden, das wir zu jedem guten Menschen hegen sollen."

Aber wie sah es um die Verwirklichung dieser Gedanken aus? Auf die Bewegung von 1848 folgte die Reaktion; Preußen erlebte Olmütz. Österreich und Sachsen machten die Geschicke Deutschlands. Dem hier ganz im Fahrwasser Schulzes treibenden Fortschrittler Treitschke mußte (1862) das Bismarcksche Auftreten den Anfang vom Ende bedeuten. Und doch hofft er weiter (S. 238): „Du weißt, wie leidenschaftlich ich Preußen liebe, höre ich aber einen so flachen Junker, wie diesen Bismarck, von dem ‚Eisen und Blut' prahlen, womit er Deutschland unterjochen will, so scheint mir die Gemeinheit nur noch von der Lächerlichkeit überboten. Daß die erstaunliche Entschlossenheit des preußischen Volks in einigen Jahren zum Siege gelangen wird und muß, daran ist mir kein Zweifel." Ein Jahr später (S. 306): „Ein Tor, wer für Deutschland noch etwas anderes erwartet als Schande, so lange Österreich über uns herrscht ... Den Glauben an mein Volk, das sittlichste auf der Erde, werde ich auch nach dieser neuesten Schande nicht verlieren. Es wird dereinst noch die schlummersüchtige Trägheit von sich werfen ..." Das folgende Jahr bringt neue Hoffnungen; der Übergang über die Schlei läßt ihn am 14. Februar 1864 schreiben: „... es ist heilsam, wenn die Welt erfährt, daß die Preußen trotz alledem das beste Heer in Deutschland haben ... Der Tag kommt doch, wenn die beiden natürlichen Verbündeten, der preußische Staat und das deutsche Volk, sich wieder zueinander finden werden" (S. 320). Unter dem Eindruck von Düppel heißt es (S. 322): „Die preußische Armee ist gut, und der kriegerische Ehrgeiz des preußischen Volks, der allzulange schlief, beginnt zu erwachen. Mögen wir die Zeit noch erleben, wo er sich gegen die lieben deutschen Bundesgenossen wendet." Und S. 324: „Die Deutschen sind eben das herrlichste Volk von der Welt um in einem bereits fertigen Staat sittlich und tapfer zu wirken, aber verzweifelt unbrauchbar, wenn es sich darum handelt, durch einen kühnen revolutionären Entschluß einen Staat zu schaffen. Aber verzweifeln kann ich nicht, die wundervolle Tätigkeit unserer Geschichte kann nicht in höhnischem Unsinn erliegen." Im Dezember 1864 ist er sich bereits darüber klar, daß diese Hoffnung durch die schleswig-holsteinische Frage der Verwirklichung näher gebracht ist (S. 370): „Die Annexion, diese schönste und gerechteste Tat der deutschen Politik seit der Gründung des Zollvereins, . . . habe ich noch vor wenigen Wochen für unausführbar gehalten und folglich dagegen gesprochen . . . Jetzt zeigt sich ein Schimmer von Hoffnung . . ." Gleichzeitig wird er irre an der Richtigkeit des Widerstands der liberalen Partei gegen die Bismarcksche Politik, den er selbst mitgemacht (S. 380): „Wir sind und bleiben doch das politisch unfähigste Volk Europas. Eine Puppe der Partei zur rechten Zeit mit einem Fußtritt zu beseitigen — zu diesem heilsamen Jesuitismus können sich die Liberalen nicht entschließen . . . Ich freue mich, daß ich unschuldig bin an der Verblendung unserer Liberalen" (die der Annexion Widerstand entgegensetzten). Und im Mai 1865 „erwachten meinem verbismarckten Herzen wieder alte Kyffhäuserträume . . ." (S. 395), unter einer gleichzeitigen scharfen Absage an die Liberalen (S. 396), die S. 397 noch verschärft wird: „Gott gebe, daß ich den Tag noch erlebe, wo die Larve des Patriotismus den schlechten Deutschen vom Gesicht gerissen wird, die mit allen Mitteln gewissenloser Demagogie die Macht ihres preußischen und deutschen Vaterlandes zu untergraben trachten." S. 461: „Der moralische Bankerott der Abgeordneten ist vollständig; sie hat Bismarck nicht mehr zu fürchten." Seine Hoffnung hat recht behalten. Es war ihm wie so vielen gegangen, die unter dem Eindruck der Persönlichkeit Schulzes die Sache und die Person verwechselten. Aber — wenn er auch (vgl. die reizenden Bemerkungen in den Briefen S. 445 ff.) die Persönlichkeit Bismarcks durchaus zu nehmen verstand — sein begeisterter Glaube an die Sache Deutschlands hat ihn rechtzeitig das Richtige erkennen lassen. Und sein entschlossenes Farbebekennen, das ihn mit dem Vater entzweite, war wohl keiner der schwächsten Pfeiler, auf die sich der sich verwirklichende deutsche Gedanke stützen konnte.

Und dieses klar-sichere Deutschbewußtsein verdankte er seinen historischen Studien. Schon der 17jährige Student berichtet seinem Vater (I S. 109): „In diesem Semester lese ich auch viel Altdeutsches, und hier wird es mir recht klar, wieviel doch das Verständnis der Sprache zu dem Verstehen des Sinnes, die Denk- und Anschauungsweise eines Volkes beiträgt.“ Und begeistert betont er am Schluß: „Ich bin zunächst ein Deutscher.“ Der Geschichte der deutschen Städte des Mittelalters folgt er mit „Anregung und Begeisterung“, da sie „etwas durchaus Patriotisches“ ist, im Gegensatz der in ihrem Streben nach fremden Eroberungen „etwas Unnatürliches“ in sich tragenden Geschichte der Hohenstaufen (I S. 210). 1860 betont der junge Dozent, der bald darauf das oben wiedergegebene Bekenntnis auf die geschichtliche Bedeutung und Zukunft Deutschlands ablegt, die nationale Bedeutung der deutschen Hochschulen: „Wir sind schlicht und recht deutsche Dozenten“ (II S. 88). Der süddeutsche Partikularismus ist ihm einfach unverständlich und ringt ihm Verzweiflungsausbrüche ab, so schon dem Studenten, und gar erst dem Freiburger Professor! Aber er verkennt auch nicht, daß das Betonen der süddeutschen Eigenart seine Berechtigung hat, geht er doch sogar gern nach Freiburg, nur darf aus dieser Eigenart kein Gegensatz entstehen. Bewundernswert ist die Schärfe der Beobachtung, die treffend das Wesentliche vom Unwesentlichen scheidet, die Kritik der Landschaft und der Menschen und der sich daraus ergebenden Gegensätze. Reizend auch die Schilderung des Kleinstaatlertums, das selbst in dem „liberal“ regierten Baden dahin ging, sich in polizeilichen Geboten und

Verboten zu betätigen, wobei natürlich die Willkür den leitenden Gesichtspunkt bei der Anwendung abgab. Als Beleg sei auf die Folgen seines Heidelberger Duells verwiesen (I S. 275), das ihn, den beleidigten Burschenschafter auf acht Tage in den Karzer brachte, während der beleidigende Korpsbursch frei ausging. Zu denken gibt auch das Heidelberger Verbot (I S. 265), wonach nach 11 Uhr abends Studenten selbst auf ihren Zimmern nicht zusammenbleiben dürfen, wenn sie etwas Trinkbares bei sich haben. Es war noch ein anderes, was Treitschke den Aufenthalt im Süden Deutschlands nicht leicht machte: der Ultramontanismus, der sich gerade damals ziemlich breit machte. Was er in dieser Hinsicht schreibt, klingt fast wie Beiträge zur Zeitgeschichte der letzten 10 Jahre; prophetisch verkündet er 1861 (II S. 157), und es ist bezeichnend, daß er das gerade von München aus schreibt: „... ist die Macht der Ultramontanen nur im Rückzug, aber keineswegs gebrochen." Nur von einem protestantischen Staatswesen aus erwartete Treitschke die Einigung Deutschlands; auch hier hat er richtig gefühlt — ohne daß damit den katholischen Teilen Deutschlands zu nahe getreten werden soll. Ein näheres Eingehen auf diese Fragen, denen die interessantesten Ausblicke und die feinsten Beobachtungen über Land und Leute und deren Geschichte gewidmet sind, muß hier unterbleiben, da es allzusehr auf das politische Gebiet hinüberleitet. Ebenso mag jeder die scharfe Kritik des monarchischen Gedankens und seiner Träger selbst nachlesen.

Auffallend ist die frühzeitige Schärfe des Urteils auch über unsere lieben Nachbarn, mit denen wir gegenwärtig im Krieg liegen. Es war die Zeit der Spannung zwischen England und Frankreich einerseits und Rußlands andrerseits, die ihre Auslösung im Krimkriege fand. Dazu schreibt der 19jährige Student (I S. 171): „Fabelhaft freut es mich, daß nun endlich alle Welt einsieht, wie freundlich es Rußland mit der Türkei gemeint hat, einsieht, daß Österreichs Interessen im Orient den russischen schnurstracks entgegenlaufen . . ." Ein halbes Jahr später (I S. 219): „. . . diese feige hinterlistige Politik Englands und Frankreichs; dieser Nikolaus, das ist doch wirklich ein Gemisch von Ohnmacht und roher Gewalt, wie man es nicht widerwärtiger haben kann." Glaubt man nicht in eine Zeitung von heute zu blicken, wenn der 20jährige Student (I S. 238) sagt: „. . . . fürchte ich, läuft die Sache zuletzt auf langwierige Unterhandlungen und einen matten Frieden aus, der die Verhältnisse ziemlich beim alten läßt und Rußland leider die Möglichkeit gibt, dasselbe hinterlistige Spiel in einigen Jahren neu zu beginnen . . . Ein Kampf Europas gegen Rußland, d. h. ein wirklicher, ernster Kampf wäre nichts anderes als ein Kampf für die Befreiung Europas von einem Einflusse, der seit dem Testamente Peters des Großen nur auf die Schwächung der Selbständigkeit und der Hintanhaltung der Freiheit seiner Nachbarn hingearbeitet hat." Der Brief ist am 16. Juli 1854 geschrieben; genau 60 Jahre später führt dasselbe hinterlistige Spiel Rußlands zu dem deutsch-österreichischen Krieg gegen Rußland für die Freiheit Europas, dessen Westmächte uns dabei in den Rücken fallen. Nun: „Zu solch einem Kampf würde größere Begeisterung gehören, als sie bei der jetzigen politischen Abspannung möglich ist"; wer die ersten Augusttage 1914 miterleben durfte, der weiß, daß heute dieser Krieg so geführt wird, wie es Treitschke vor 60 Jahren verlangte, wenn auch nicht gerade von Europa, sondern für Europa. Zwei Seiten weiter lesen wir — wieder könnte es heute geschrieben sein: „Die jetzige Verwickelung, die Englands vielgerühmtes Staatsleben in einem so schmählichen Lichte zeigt . . ." Fünf Jahre später wirft die Befreiung Italiens ihre Wellen mit dem anschließenden Krieg von 1859. Als hätte er die heutige Zukunft vorausgefühlt, schreibt er in banger Ahnung davon, daß die Schwächung Österreichs in Italien eine deutsche Schwächung bedeutet (II S. 23): „Soeben werden die

Depeschen über den Beginn des Krieges und das russisch-französische Bündnis von Haus zu Haus getragen . . . erscheint mir ein Krieg, in dem es sich darum handelte, ob die Knechtschaft Italiens fortdauern solle — als etwas sehr trauriges: ich hätte den Österreichern Glück gewünscht, sie sind doch halb und halb meine Landsleute, aber ich könnte diesem Kampf nur mit sehr geteilten Gefühlen zusehen. Jetzt aber, da wir unzweifelhaft wissen, daß Deutschland, nicht Italien der Kampfpreis der Cäsaren in Paris und Petersburg ist, jetzt bin ich mit voller Seele bei der Sache. . . . Mein Trost ist Preußen: ich habe das vollste Vertrauen zu der Regierung des Prinzen; ich glaube, unter seiner Leitung kann Deutschland getrost in den gerechten Krieg ziehen. Ein paar Niederlagen? nun ja, wir sind stark genug um das auszuhalten — aber an Deutschlands Sieg zweifle ich keinen Augenblick, sonst lebt kein Gott im Himmel mehr." Wohl war die Nachricht falsch, auf die dieser Brief aufbaut; ein französisch-russisches Bündins bestand damals nicht. Bleibt der Inhalt darum minder richtig, was wir heute nur allzudeutlich merken? Könnte es nicht heute geschrieben sein, was er in bezug auf einen neutralen Staat schreibt (II S. 27): „Der Himmel gebe Preußens Regenten Mut und klaren Blick, denn schlagen müssen wir, bald schlagen. Ich sehe jetzt täglich die Kaiserlichen hier durchmarschieren — direkt nach Verona! Eine solche „Neutralität" ist zu unsinnig, um dauern zu können. Mit dem Schwert in der Scheide hat noch nie ein Staat seine Macht behauptet. Wir müssen entweder Österreichs Vernichtung verhindern und sein Retter werden, oder — verhindern, daß das siegreiche Österreich die Tage von Bregenz erneuert. Beides erreichen wir, so paradox es klingt, nur wenn wir Österreich nicht allein kämpfen lassen." S. 40 heißt es dann: „Bald muß der entscheidende Schritt geschehen, ehe die Despoten im . . . . Westen und Osten Zeit haben, ihre erdrückende Übermacht gegen uns zu wenden. Und dann? Nun ja, Deutschland wird wieder wie vor 200 Jahren für die Freiheit des ganzen Weltteils bluten, aber mit einem starken Preußen an der Spitze werden wir einen besseren Ausgang erfechten, als jenen unseligen Westfälischen Frieden."

Reizend ist die Schilderung des französischen Wesens Bd. II S. 343; das Urteil über England: „hinterlistig", das der Student fällte, lernten wir bereits kennen. Der Dozent urteilt 1860 (II S. 92): „Englands auswärtige Politik ist nie wieder in so großartigem und so reinem Geist geleitet worden, wie unter der Herrschaft dieser puritanischen Königsmörder" (Cromwells). S. 77 heißt es — wobei wichtig zu wissen ist, wie aus einem der vorhergehenden Briefe hervorgeht, daß dieses Urteil über England ganz unter dem Eindruck der Lektüre von Gneists „Englisches Verfassungs- und Verwaltungsrecht" steht: „Ich meine, Englands Staat und Sitte stehen jetzt (1860) vor einer furchtbar ernsten Krisis. Aber wenn wir unserer eigenen Zukunft gedenken, haben wir wenig Grund, herablassend von England zu reden. Ich müßte jedes Gefühls für menschliche Größe bar sein, wollte ich diese gewaltige Nation nicht bewundern . . . Aber ich meine, e i n großes Gebiet der reinen Menschenbildung ist den Briten immer verschlossen geblieben: die Namen Plato und Kant sind ihnen stets ein leerer Schall gewesen . . ." Drei Jahre später (S. 254): „Ein unendlich großes Volk . . .; und doch möchte ich unser deutsches Unglück nicht gegen englische Glorie vertauschen. Ich sehe immer klarer: Wenn es je einen wahrhaft freien Staat, einen Staat innerlich freier Menschen, geben wird, kein anderer kann es sein, als der deutsche." — 50 Jahre sind seitdem vergangen; und Treitschke hat recht behalten: hinterlistig ist die Politik Englands gegen Deutschland gewesen. Von einem Pflichtbewußtsein, das über die eigene Tasche hinausreicht, ist keine Rede; unbedenklich wird der Vernichtung eines Konkurrenten zu Liebe die weiße der gelben Rasse geopfert, wird die weiße Rasse vor Gelben und Schwarzen prostituiert. Und wenn ein Gefühl der Unfreiheit auf einem Staatswesen lastet, so ist es das Englands, das von der unreinen Politik seiner Machthaber wiederum in eine furchtbar ernste Krisis hineingetrieben wurde. Aber diesmal dürfen wir frohgemut auf die Briten herabblicken, denn unsere Zukunft ist in den 50 Jahren, seit Treitschke jene Worte schrieb, auf ein sittliches und freies Staats- und Gemeinwesen aufgebaut worden, so wie er es sich gewünscht hatte. —

Juristisch bietet die Briefsammlung so gut wie kein Interesse, einige ganz gelegentliche Bemerkungen ausgenommen. Ihr Wert liegt auf allgemeinem Gebiet. Und hier stellt sie eine Bereicherung unseres Bücherschatzes dar, die nicht gerade alltäglich ist. Die „Briefe Treitschkes" sollten daher so wenig wie die „Deutsche Geschichte" in keiner deutschen Hausbücherei fehlen.

Charlottenburg. Privatdozent Dr. Waldecker.

II.

Rechtsgeschichte.

1. **Brinkmann-Bondi, Hans**, Altes und Neues über Sammelvermögen. 182 S. gr. 8°. Berlin 1913, Puttkammer & Mühlbrecht.

Die vorliegende Arbeit ist durch das Gutachten Seckels zum 30. Deutschen Juristentag über die Zweckmäßigkeit einer gesetzlichen Normierung der Verhältnisse des Sammelvermögens (Bd. I S. 564 ff.) angeregt worden. Sie beginnt mit einem „historischen Teil“ (S. 1—30), worin der griechische ἔρανος und die römische stips untersucht werden, ohne dabei viel Neues ans Licht zu fördern. Brinkmanns Auffassung der ἔρανος-societas und ἔρανος-Darlehen kann ich mich nicht anschließen, denn bei allem guten Willen sind ihre Widersprüche zu den Quellen nicht aus dem Wege zu schaffen; vgl. übrigens darüber Wenger, Sav.-Z. 34 S. 421.

Nach einer kurz orientierenden, aber etwas einseitigen Skizze des mittelalterlichen Rechtes folgt der „rechtsphilosophisch-theoretische Teil“ (S. 31—48). Hier ist der Verfasser bestrebt, das Sammelvermögen schon aus dogmatischen Gründen als eine juristische Person zu erklären. Allerdings, meint er, ist es eine *juristische Person eigener Art*, die mit der Stiftung eng verwandt ist. M. E. ist eine so weit getriebene Personifikation selbständiger Vermögensmassen bloß aus dem Grunde, weil sie in gewissen äußerlichen, nach den Verhältnissen verschiedenen, Beziehungen als eine Einheit betrachtet und behandelt werden, überflüssig und ungerechtfertigt. Der Ausspruch Kohlers (Bürgerl. Recht I S. 354), daß diese „konstruktiven juristischen Personen“ nur Hilfsmittel zur Erreichung rechtlicher Ziele seien, indem sie die Ausführung mancher Gedanken der Rechtsordnung ermöglichen, sollte uns vor mancher unnatürlichen Einteilung aller Rechtsinstitute in bestimmte Kategorien bewahren.

Den größten Teil des Buches (S. 49—182) nimmt die Darstellung des geltenden Rechtes ein; neben dem deutschen wird auch das österreichische, schweizerische, französische, italienische und englische Recht geschildert. Neben Privatrecht wird uns auch Straf- und Verwaltungsrecht vorgeführt. Leider aber bin ich nicht in der Lage ein kritisches Urteil über diese so mannigfaltige Darstellung der Rechte aller Länder abzugeben.

Brixen, a. E. Mariano San Nicolò.

2. Fathy, Mahmoud, La doctrine musulmane de l'abus des droits (Travaux du Séminaire Oriental d'Études juridiques et sociales, fasc. 1). Gr. 8. LXXXII und 276 S. Lyon u. Paris 1913, Henry Georg und Paul Geuthner.

Der vorliegende Band ist die erste Publikation des Seminars für orientalische Sozial- und Rechtswissenschaft der Universität Lyon. Die Bedeutung und der Wert solcher Studien für die vergleichende Geschichte der Rechtsentwicklung brauchen nicht erst hier hervorgehoben zu werden. Eine monographische Darstellung des morgenländischen Rechtes kann von uns nur mit der größten Freude und Dankbarkeit begrüßt werden.

Die Schrift, soweit wir uns hier damit zu befassen haben, ist eine Untersuchung der islamitischen Lehre des Rechtsmißbrauches durch unrechtmäßige Ausübung desselben seitens des Berechtigten. Wie Verf. selbst sagt und auch von Prof. Lambert in seiner trefflichen Vorrede betont wird, verfolgt die vorliegende Arbeit nicht allein einen rechtshistorischen Zweck, sondern hat auch ein praktisches Ziel vor sich, indem sie, durch eine klare Darstellung der muselmanischen Doktrin, zur richtigen Auslegung des modernen Gesetzes in den ägyptischen Gerichten, beitragen will. Denn das Verbot der mißbräuchlichen Ausübung der Rechte entspricht, wie der Verf. im zweiten Teile seines Werkes an der Hand zahlreicher Quellen nachweist, dem allgemeinen Geist muselmannischer Rechtsanschauung.

Im ersten, dem kleineren Teile seines Buches, stellt Mahmoud Fathy die Beziehungen zwischen der muselmanischen Theorie des Rechtsmißbrauches und den entsprechenden Lehren in den abendländischen Rechten zusammen, wobei er die französische Doktrin und ihren Einfluß auf die Rechtsprechung in Ägypten besonders berücksichtigt. Die Verschiedenheit der Anschauungen zwischen Orient und Europa soll nach dem Verf. in der religiös-ethischen Auffassung des Rechtes im Islam ihre Begründung haben.

Der zweite Teil bildet den eigentlich historischen, für uns wichtigeren Teil der Arbeit. Vom Qorān ausgehend, behandelt Mahmoud Fathy mit großer Sorgfalt alle diejenigen Stellen des heiligen Buches, in welchen die Prinzipien, aus denen sich die Doktrin des verbotenen Rechtsmißbrauches entwickelt hat, enthalten sind. Die hier hauptsächlich in Betracht kommenden Rechtsgebiete sind: Testament, repudium, Vormundschaftsrecht und das Recht zur Inanspruchnahme der Rechtshilfe.

Die erste Formulierung hat die oben erwähnte Lehre schon von den Gründern der vier großen Madhâhib erhalten. In diesem Zusammenhange ist vor allen Malek Ibn Anas zu nennen. Folgende drei Leitgedanken lassen sich aus seinem Werke, der Mouat't'â und aus dem seines Schülers Ibn Al Qâsem, Al Modaouanah, gewinnen: 1. Die Ausübung eines Rechtes darf nur in der Richtung und im Rahmen des Zweckes, für welchen das Recht gewährt wurde, stattfinden. 2. Die Ausübung eines Rechtes ist nur so lange rechtmäßig, als damit für Dritte kein „unverhältnismäßig großer" Schaden verbunden ist. Im Nachbarrecht und bei der Teilung von Miteigentum kommt dieses Prinzip zum Ausdruck. 3. Die Ausübung eines Rechtes ist untersagt, wenn sie dem Berechtigten keinen Nutzen bringt, während sie für Dritte von Nachteil ist; darnach ist das dem dinglich Berechtigten zustehende ius tollendi bezüglich der an einer fremden Sache gemachten Aufwendungen geregelt. Dieselben Grundsätze hinsichtlich des verbotenen Rechtsmißbrauches hat auch Abou Hanifah, ein Zeitgenosse Maleks, ausgesprochen und seinen Entscheidungen zugrunde gelegt. Wie es aus dem Djame Al Çaghir des Mohammad Al Chaïbany hervorgeht, übertrug er das zweite der soeben genannten drei Prinzipien vom Sachenrecht auf die Vertragsverhältnisse.

Gegen die extensive Interpretation der Qoranregeln hat sich ein dritter Madhâhib-Gründer, Al Chafe'y, gewendet, indem er den Standpunkt vertrat, daß jeder sein Recht in absoluter Weise ausüben dürfe, unbekümmert um die damit für Dritte verbundenen schädlichen Folgen; ebenso sei für die Beurteilung von Rechtsgeschäften nur die äußere Form maßgebend; auf innere, wenn auch unredliche Momente sei dabei keine Rücksicht zu nehmen.

Der theologischen Wissenschaft des 5. bis 8. Jahrh. H. steht das Verdienst zu, durch die Auslegungsarbeiten an den offenbarten Quellen, diese zwei entgegengesetzten Richtungen, wenigstens zum großen Teile vereinigt zu haben. Der Verf. erwähnt hier: Al Ghazaly mit seiner Theorie der sozialen Bestimmung der Rechte (insbesondere bei Verträgen) und weiter Al Djaouazyah, der die ausschlaggebende Bedeutung der Absicht beim Vertragsabschluß gegen die Lehre von Chafe'y ins richtige Licht stellte.

Mit dem 9. Jahrh. H. beginnt das Zeitalter der klassischen Jurisprudenz, wie es von Mahmoud Fathy S. 222 genannt wird. Die Lehre des verbotenen Mißbrauchs des Rechtes wird jetzt fixiert, wobei als Richtschnur „der soziale Zweck des Rechtes selbst" genommen wird. Hervorzuheben ist, daß man auch die Verschwendung als unsoziales Verhalten charakterisiert, indem sie als mißbräuchliche Ausübung der Rechte zum eigenen Schaden des Berechtigten angesehen wird. Vom Standpunkte der

Wirkung nach Außen und als Resultat der mit Malek beginnenden Entwicklung, ist nach der klassischen Doktrin die Ausübung eines Rechtes dann als Mißbrauch desselben zu betrachten: wenn sie in der Absicht zu schädigen geschieht, oder wenn sie für den Ausübenden von keinem Nutzen ist, während Dritte dadurch geschädigt werden, oder wenn sie mit einem Nachteil für die Allgemeinheit verbunden ist, oder endlich, wenn sie einem Dritten einen „unverhältnismäßig großen" Schaden zufügt. Eine solche mißbräuchliche Ausübung eines Rechtes ist verboten.

In einem letzten Abschnitte gibt uns Verf. die Sanktion des Verbotes, welche ganz dem Geiste des muselmanischen Rechtes entsprechend, weltliche und religiöse Strafelemente in sich vereinigt. Darunter ist auf das Recht des Richters, bei der Bestrafung eventuell nach dem Ta'zir vorzugehen, aufmerksam zu machen.

Die vorliegende Arbeit ist zweifellos als eine sehr verdienstvolle zu bezeichnen, wenn auch der Verf. dem europäischen Rechte und insbesondere der deutschen Dogmatik, nicht immer das richtige Verständnis entgegenbringt. Jedenfalls sind wir Mahmoud Fathy für seine klare Darstellung der muselmanischen Lehre, die vor der entsprechenden in unseren Rechten mehrere Vorteile hat, sehr dankbar. Weitere Veröffentlichungen des Lyoner Seminars sehen wir mit größtem Interesse entgegen.

Franzensfeste, August 1914.

Mariano San Nicolò.

3. Galgano, Salvatore, I limiti subiettivi dell' antica usucapio. 110 S. Gr. 8. Napoli, Francesco Golia 1913.

Die hier zur Besprechung gelangende Schrift Galganos über die subjektive Begrenzung der alten usucapio, ist eine kritische Beurteilung der zuerst von Stintzing (Das Wesen der bona fides und titulus in der röm. Usucapionslehre, 1852) formulierten und später von vielen Romanisten angenommenen Lehre, daß die alte römische usucapio ohne bona fides und iusta causa vollzogen werden konnte.

In einem ersten Abschnitte sammelt der Verf. alle Beweise, welche Stintzing und die übrigen Vertreter der soeben erwähnten Doktrin zu ihrer Begründung vorgebracht haben; daran anschließend folgen die verschiedenen Meinungen der Romanisten bezüglich des Zeitpunktes, in welchem die Erfordernisse der bona fides und iusta causa mit der Ersitzung verbunden wurden. Die hauptsächlich von Scheurl (Zur Usucapionslehre in Beiträge zur Bearbeitung des röm. Rechts II, Erlangen 1854) gegen die Annahme Stintzings erhobenen Bedenken eröffnen den zweiten Abschnitt, in welchem Galgano die einzelnen Punkte der beiden Ansichten in objektiver Weise untersucht. Zutreffend erscheint mir seine Beurteilung des Usucapionsverbotes der zwölf Tafeln hinsichtlich der res furtivae. Nach Girard (Manuel de droit romain 3. Aufl. S. 302, 1) schließt diese Bestimmung bona fides und iusta causa bei der Ersitzung von selbst aus. Galgano macht aber dagegen geltend, daß dieses Verbot rein objektiver Natur war, indem nicht bloß die res furtivae (nach der Julia et Plautia übrigens auch die res vi possessae), sondern auch das forum, bustum und die quinque pedes zwischen angrenzenden Grundstücken nicht ersessen werden durften und weiter nach Gaius II, 49 nicht nur der fur, sondern auch jeder Dritte (quamquam ab eo bona fide emerit) von der usucapio solcher Sachen ausgeschlossen war. Die Parömie: nemo sibi ipse causam possessionis mutare potest und die regula iuris: mala fides superveniens non nocet, ebenso wie andere Argumente, werden hinsichtlich ihrer Beweiskraft kritisch untersucht (S. 23ff.).

Nach einer kurzen nicht befriedigenden Zusammenfassung der Resultate geht der Verfasser zu seinem zweiten Hauptthema über: zugegeben, daß die alte usucapio ohne bona fides und iusta causa vollzogen werden durfte, müsse man doch unbedingt annehmen, daß der Eigentumserwerb durch Ersitzung nicht einzig und allein vom Ablauf des gesetzlichen tempus abhängig gewesen sei; es müssen zweifellos auch andere Beschränkungen existiert haben. Die darüber bestehenden Ansichten von Stintzing und Bonfante (La iusta causa dell' usucapione in Rivista per le scienze giurid. 1893 (XV) S. 161 ff., 321 ff.) werden geprüft und ihre Mangelhaftigkeit ausgesprochen. Trotzdem aber sieht sich Galgano aus rationellen und sozialrechtlichen Gründen gezwungen, bei der alten usucapio die Grenze des furtum anzunehmen.

Das Bild der ganzen Abhandlung ist m. E. etwas verschwommen, indem die fremden Meinungen sich zu viel anhäufen und die gewonnenen eigenen Resultate ganz überdecken und damit den Überblick bedeutend erschweren. Eine klare, steigernde Beweisführung ist nicht erreicht worden, obwohl die einzelnen Argumente meistens das Richtige treffen.

Brixen, 5. September 1914.

Mariano San Nicolò.

4. Kooiman, C. L., Fragmenta juris Quiritium 1913. Gr. 8. XVIII, 404 S. Amsterdam 1914, Amsterdamsche Boek- en Steendrukkerij.

Es fällt mir schwer, ein Urteil über die fragmenta juris Quiritium von Kooiman abzugeben. Es läßt sich nicht leugnen, daß darin manche Wahrheit enthalten ist, die entweder vom Verfasser selbst entdeckt, oder mindestens von ihm zum ersten Male genau formuliert wurde. Ebenso muß man dem Leitgedanken des Werkes, wie er im Vorwort ausgedrückt wird, zustimmen, indem Kooiman von neuem auf einen Weg der Bearbeitung des alten römischen Rechtes hinweist, der tatsächlich noch wenig ausgebaut ist.

Aber zweifellos sind dem Verfasser die erzielten Resultate zu Kopf gestiegen, denn von den im „Verzeichnis der neuen konkreten Hauptansichten, zu denen der Verfasser gekommen ist" (S. 1ff.), aufgenommenen Sätzen hängen doch die meisten einfach in der Luft. Der „Ausspruch der Romanisten: kein Text, kein Grund" (S. 63), den er öfters ins Lächerliche zieht, hat auch seine gute und große Berechtigung. Wenn es auch wahr ist, wie Kooiman oft betont, daß man die Rechtsgeschichte nur mit Hilfe der allgemeinen Geschichte des betreffenden Volkes richtig verstehen kann — eine Sache, die übrigens jeder weiß —, so ist doch nicht alles, was uns der Verfasser in seinem Buche vorlegt, geschichtliche Tatsache. Viele seiner Deduktionen gehen stark ins Phantastische über. Charakteristisch für seine Arbeitsmethode ist die Beurteilung des Gaius, „dessen Genauigkeit sehr hoch steht, dessen Begriffsvermögen aber viel niedriger angesetzt werden muß" (S. 112ff.). An anderen Stellen aber verwechselt Gaius, nach der Ansicht des Verfassers, die Begriffe, weil er „wenig historischen Sinn" hat (S. 142) und den „wirklichen Entwicklungsgang im Rechte fast nirgends versteht" (S. 179).

Dem Buche ist ein Zusatz 1913 angeschlossen, worin Kooiman die technische Bedeutung der Ausdrücke familia und pecunia mit Zuhilfenahme von Quellenmaterial untersucht. Auch der Zusatz beginnt mit schweren Vorwürfen gegen „diejenigen, die sich mit römischer Rechtsgeschichte beschäftigen (die Romanisten)" (S. 335), weil sie den Geist des römischen Rechts nicht erfassen können. Es ist nur auffallend, daß Verfasser hie und da doch wenigstens mit Jhering einverstanden ist.

Auf eine Kritik der einzelnen im vorliegenden Werke ausgesprochenen Ansichten brauche ich mich hier nicht einzulassen.

Prad in Tirol, September 1914.

Mariano San Nicolò.

III.

Zivilrecht.

Schuld und Haftung.

3 Abhandlungen.

1. Emil Strohal, Schuldpflicht und Haftung. 166 S. München und Leipzig 1914, Duncker & Humblot.
2. Buch, Dr. G., a. o. Professor in Breslau, Schuld und Haftung im geltenden Recht. 80 S. München 1914, C. H. Becksche Verlagsbuchhandlung.
3. Schreiber, Dr. Otto, Privatdozent an der Universität Göttingen, Schuld und Haftung als Begriffe der privatrechtlichen Dogmatik. 368 S. Leipzig 1914, Veit & Comp.

I.

Strohal knüpft diese Arbeit an seine im Jahre 1910 erschienene „Schuldübernahme" sowie an die Äußerungen der Literatur über dieses Buch an (S. 4ff.). Er weist auf die bekannten Arbeiten der Germanisten, aber auch auf Partschs Forschungen über altgriechisches und auf Koschakers Studien über babylonisch-assyrisches Recht hin und erblickt den dogmatischen Wert jener Forschungen darin: „daß sie zu einer dem großen Zuge einer weitverzweigten historischen Entwicklung entsprechenden realistischen Beurteilung von Sachverhalten drängte, denen die in unserer Zivilistik lange vorherrschende abstrakt formalistische Methode nicht gerecht werden konnte."

Diese Behauptung wird — soweit sie nicht überhaupt als bloße Phrase sich darstellt — völlig beweislos hingestellt. Durch den Inhalt der Abhandlung wird sie in keiner Weise erhärtet.

Wer nicht auf Beweise verzichtet, wird nach wie vor diesen Strohalschen Satz mit der nötigen Anzahl von Fragezeichen versehen.

Strohal weist auch hier auf die schon in der „Schuldübernahme" zu Tode gehetzte angebliche Notwendigkeit der Unterscheidung des Wofür und des Womit der Haftung hin. Es soll darauf hier nicht weiter eingegangen werden; ich halte das hierüber in dieser Zeitschrift Bd. 49 S. 513 Gesagte für ausreichend. Nur auf eines möchte ich aufmerksam machen: Schon die Ausdrucksweise der Haftungsfanatiker zeigt, wie ihnen ihre eigene Theorie die Klarheit des Gedankens erschwert. Man vgl. S. 7 f.: „Das Wofür der Haftung ist ein bestimmter Erfolg, dessen Jemand (der Gläubiger) eventuell gewärtig sein darf. Eine solche Bestimmtheit eines zu jemandes Gunsten in Aussicht genommenen Erfolges ist ein notwendiges Tatbestandsmoment jedes Haftungsverhältnisses." Glaubt wirklich ein Haftungstheoretiker, daß dies beispielsweise für den Studierenden, dem das Wesen des Schuldverhältnisses erklärt werden soll, verständlicher ist, als wenn man ihm nach der alten „abstrakt formalistischen" Methode sagt: „Zufolge des Schuldverhältnisses ist der Schuldner verpflichtet eine bestimmte Leistung zu bewirken. Bewirkt er sie nicht, so hat der Gläubiger gegen das Schuldnervermögen ein Zugriffsrecht, um sich zu befriedigen."

Direkt falsch ist aber der Satz (S. 17): „Schuld im Sinne von Schuldpflicht ist nicht ein auf sich gestelltes, *sondern ein auf schuldrechtlicher Haftung beruhendes und durch diese gesichertes Leistensollen.*" Das heißt die Dinge auf den Kopf stellen. Die Schuldpflicht *beruht* nicht auf Haftung, sondern *begründet* Haftung. Das sagt Strohal im unmittelbaren Anschluß an obigen Satz (S. 17/18) am Ende selbst mit den Worten: „Indem die Rechtsordnung ein Schuldverhältnis anerkennt, macht sie denjenigen, welcher die Leistung bekommen soll dadurch zum Gläubiger, daß sie ihm einen Haftenden als Schuldner gegenüberstellt und rüstet sie . . . . jenen mit der Macht aus, sein . . . . Verlangen . . . . durchzusetzen." Wollte S. im Einklang mit seinem Satze bleiben, so erforderte die Logik fortzufahren: „Indem die Rechtsordnung demjenigen, welcher eine Leistung bekommen soll, einen

Haftenden gegenüberstellt und ihn mit der Macht ausrüstet, sein Verlangen durchzusetzen, erkennt sie ein Schuldverhältnis an."

Was es übrigens mit dem durch „schuldrechtliche Haftung gesicherten Leistensollen" für eine Bewandtnis hat, illustriert S. an einer späteren Stelle in seltsamer Weise mit den Worten: „Der Eintritt und die Fortdauer einer schuldrechtlichen Haftung setzt grundsätzlich nicht voraus, daß sich im Vermögen des Schuldners in einem gegebenen Zeitpunkt Gegenstände befinden, auf die der Gläubiger seinen Zugriff richten könnte." (S. 34 f.).

Der falsche Ausgangspunkt S.s führt ihn bei der Erörterung der „Nachfolge in die Schuldpflicht" (S. 47 ff.) zu dem gleichfalls unrichtigen Folgesatz (S. 49): „Das Wesen der Rechtsstellung des Gläubigers besteht nicht in dem Inhalt der geschuldeten Leistung; denn das Recht auf Leistung erlangt er erst dadurch, daß ihm dafür von jemand gehaftet wird."

Zwar daß die Rechtsstellung des Gläubigers nicht in dem Inhalt der Leistung besteht, trifft zu; daß es der Fall sei, dürfte schwerlich jemand behauptet haben; vielmehr besteht natürlich das Wesen der Gläubigerstellung in dem Anspruch. Daß dieser erst durch Haftung entstehe, das ist die fortgesetzte petitio principii des Verfassers.

Damit ist aber offensichtlich die weitere Folgerung S.s (S. 49) hinfällig. „Der Fortbestand der Rechtsstellung des Gläubigers ist mit einem Wechsel in der Person des Schuldners nur verträglich, wenn und soweit dem Gläubiger durch diesen Wechsel von der . . . . haftungsrechtlichen Anwartschaft nicht Wesentliches verloren geht." Man denke diesen Gedanken zu Ende, so kommt man zu dem unannehmbaren Ergebnis: Wenn der Erstschuldner zahlungsunfähig ist und für ihn ein Zahlungsfähiger die Schuld übernimmt, so ist dieser Schuldnerwechsel mit dem Fortbestand der Rechtsstellung des Gläubigers verträglich; denn von der haftungsrechtlichen Anwartschaft, die nicht vorhanden war, kann ihm nichts verloren gehen; wenn hingegen umgekehrt ein Zahlungsunfähiger die Schuld eines Zahlungsfähigen übernimmt, da ist der Schuldnerwechsel mit der Rechtsstellung des Gläubigers nicht verträglich. Die Verträglichkeit oder Unverträglichkeit des Schuldnerwechsels mit der Rechtsstellung des Gläubigers würde danach bedingt sein durch die größere oder geringere Solvenz des neuen Schuldners. —

Der weitaus größere Teil der Abhandlung ist der Schuldübernahme gewidmet (S. 61—166). Auch in diesem Abschnitte sagt uns S. weder Neues, noch Überzeugendes, wenn man nicht etwa seine Ausfälle gegen meine Besprechung seiner Schuldübernahme neu nennen will. Aber auch in diesem Sinn haben sie nicht einmal Anspruch auf Neuheit. Denn mit der Methode, einer durchaus sachlichen, sich jeder persönlichen Anspielung enthaltenden wissenschaftlichen Kritik eine Fülle von persönlichen gereizten Bemerkungen entgegenzusetzen, hatte ihm sein jüngerer Fakultätsgenosse Jaeger längst den Vorsprung abgewonnen (vgl. Jaeger, Die Gläubigeranfechtung 1905 S. 55 N. 1; 57 N. 1; 58 N. 1; 60; 61; 62). Allerdings gebührt die Palme Strohal; denn seine Entgegnungen sind nicht mehr nur gereizt, sie sind beleidigend. Dies würde mich nicht veranlassen, bei ihnen zu verweilen. Der Grund, weshalb ich dies dennoch tun muß, liegt in der Prätention S.s, meine kritischen Darlegungen als sachlich unbegründet nachgewiesen zu haben. S. wirft mir vor, ich hätte nicht vermocht, den „Ton ruhiger Sachlichkeit zu finden; statt dessen redete ich mich in einen blinden Eifer hinein, der mich nicht einmal die krassen Widersprüche gewahr werden lasse, in denen sich meine Ausführungen bewegen.

Darüber, daß ich im Schuldübernahmevertrag einen Verpflichtungvertrag .... erblicke, zugleich aber auch einen rechtlichen Vorgang, durch den in der Person des Neuschuldners keine neue Verpflichtung erzeugt, sondern vielmehr nur die Sukzession des Neuschuldners in die Verpflichtung des Altschuldners vermittelt wird", werde ich von S. zunächst wiederholt getadelt (S. 88, 64 N. 7). Er unterstellt mir (S. 64 N. 7), daß ich (a. a. O. S. 494) gegen die Verfügungsnatur der Novation mit Schuldnerwechsel und der Schuldübernahme Widerspruch erhoben hätte. Diese Unterstellung widerspricht der Wahrheit. Ich sage (a. a. O. S. 494 Z. 5 v. u.) vielmehr ausdrücklich: „Diese . . . Art von Verfügungen sind aber — wie schon oben (S. 2f., soll heißen S. 489f.) dargelegt — gar keine Verfügungsverträge" und an der zitierten Stelle (S. 489f.) „betone ich, daß S. selbst (Schuldübernahme S. 7) die Novation mit Schuldnerwechsel stets für ein Geschäft ansieht, das zugleich Verpflichtungs- und Verfügungsgeschäft nicht „Vertrag" sei und fahre (S. 490) fort: „Man wird S. zugeben müssen, daß die Aufgabe der prior obligatio eine Verfügung des novierenden Gläubigers über sein bisheriges Forderungsrecht ist. Aber diese Verfügung ist in alle Weite nicht Inhalt der Novationsstipulation, also eines Vertrags; sie liegt vielmehr in dem die Stipulation begleitenden animus novandi des Gläubigers und dieses allein . . . . So lag in der Novation allerdings ein über die prior obligatio verfügendes Geschäft, aber ein Geschäft nicht mit dem Permittenten der Novationsstipulation, nicht ein Vertrag, sondern ein einseitiges Geschäft gegenüber dem bisherigen Schuldner, eine Art einseitig wirksamer Verzicht auf die gegen diesen bestehende Forderung." Wenn ich (S. 494 a. a. O.) bemerkt habe, die Novation mit Schuldnerwechsel sei ein Verpflichtungsvertrag unter der condicio iuris, daß der bisherige Schuldner durch einseitigen Akt des Gläubigers befreit werde, so leugne ich damit keineswegs die Verfügungsnatur des Novationsgeschäftes. Gerade die einseitige Verfügung des Gläubigers — der animus novandi — ist die conditio iuris der verpflichtenden stipulatio, d. h. die Voraussetzung, an welche die Rechtsordnung die verpflichtende Wirkung dieser stipulatio anknüpft. Ich kann nicht einsehen, wie so diese Auffassung auf einer „offenbaren Verkennung des Wesens der condicio iuris beruht" (Strohal S. 64 N. 7); ob sie „genügend ist, auf irgend jemand Eindruck zu machen" ist eine andere Frage. Vielleicht wäre hiefür geeigneter die Annahme einer „stillschweigend gesetzten Bedingung", die zu demselben Ergebnis führen müßte und gegen die ich auch nichts einzuwenden hätte.

Keinesfalls, so kann ich zusammenfassen, liegt in meiner Verneinung eines in der Novation enthaltenen Verfügungsvertrags ein Widerspruch oder gar ein krasser Widerspruch gegen die Bejahung einer darin liegenden einseitigen Verfügung des Gläubigers.

Widerspruchsvoll soll ferner sein (S. 88), was ich „über das Verhältnis von Schuld und Haftung zu sagen für gut finde". S. unterstellt mir, daß ich mich „mit unverhohlenem Ingrimm auch gegen die germanistische Lehre von Schuld und Haftung wende; daß schon ihre Erwähnung mich in einen schwer begreiflichen Aufregungszustand versetze".

Aus welchen Sätzen meiner Kritik S. diese Unterstellungen ableitet, sagt er leider nicht. Dagegen stellt er die unwahre Behauptung auf (S. 88 zu Note 73): ich spräche der auf Entwicklung des Obligationsbegriffs gerichteten historischen Arbeit jeden dogmatischen Wert ab. Denn wahr ist nur, daß ich der Lehre von Schuld und Haftung, wie sie von den Germanisten dargestellt wird, jeden dogmatischen Wert abspreche.

Daß ich angesichts des BGB. § 242 der Meinung bin, zum Wesen der Schuld im heutigen Recht gehöre die Haftung des Schuldners mit seinem Vermögen und zu dieser Erkenntnis müsse weder assyrisches, noch griechisches, noch germanisches Recht zu Hilfe gerufen werden, verdenkt mir S. sehr (S. 90). Das ist Gefühlssache. Wenn er aber sagt, ich hielte die Anknüpfung an die germanistische Lehre für um so verkehrter, als man dadurch nach meiner Meinung die Schuld und Haftung in den Mittelpunkt des heutigen Schuldrechts stellen würde, so suche ich vergeblich nach der Stelle, an der ich dies ausgesprochen haben soll.

S. zeiht mich auch des Mangels an Folgerichtigkeit (S. 90f.). Denn, meint er, bei folgerichtiger Durchführung meines Standpunktes, wonach Schuld und Haftung unzertrennlich seien, müßte ich die Schuldsukzession bei der Schuldübernahme offenbar verwerfen, da die zum Wesen der Schuldpflicht gehörende Haftung im gesetzten Falle auf eine völlig neue Grundlage gestellt wird. Diese Meinung ist falsch und beruht wieder auf der schon mehrfach festgestellten petitio principii des Verfassers (s. o. S. 3 Z. 16 v. o.).

S. mutet mir weiter (S. 91) zu, ich suchte mich der Konsequenz meines Standpunktes zu entziehen und „leiste mir" zu diesem Zwecke den Satz, „daß niemals jemand behauptet hat, durch die Schuldübernahme vollziehe sich eine Sondernachfolge in die Haftung Womit, sondern in die Haftung Wofür". Was ich hiemit ausdrücken wollte, sei ganz fehlerhaft ausgedrückt, ich wolle den Schein erwecken, als ob der Neuschuldner bei der Schuldübernahme in die die Haftung in sich begreifende Schuldpflicht des Altschuldners wirklich sukzediere und bediene mich zu diesem Zwecke schiefer und irreführender Wendungen. In Wahrheit sei der Sinn meines Ausspruchs, daß der Neuschuldner in die Haftung des Altschuldners überhaupt nicht sukzediert, sondern daß den Gegenstand der angeblichen Sukzession in die Schuld nur das Wofür der Haftung bildet. Nun sei aber das bloße Wofür der Haftung nach meiner eigenen Erklärung keine Schuld im Sinne von Schuldpflicht.

Diese ganze Ausführung entspringt einem vollständigen Mißverständnisse dessen, was ich gesagt habe. Ich habe (a. a. O. S. 510ff.) keinen Zweifel darüber gelassen, daß ich die Individualisierung der Obligation in dem Wofür der Haftung und nicht in dem Objekte der Haftung erblicke und daß meine Ansicht, Schuld und Haftung im geltenden Rechte seien untrennbar, nur den Sinn hat; jeder Schuldner haftet mit *seinem* Vermögen für die ihm obliegende Leistungspflicht.

Dies alles verkannt zu haben ist das Verdienst S.s in seiner Verteidigung gegen meine Kritik, die ihn im tiefsten Mark getroffen hat und der er irgendetwas sachliches nicht entgegenzusetzen vermochte.

Mit solchem Mißverständnisse und mit der vorgefaßten, unbewiesenen Meinung, daß Schuldpflicht auf Haftung *beruhe* geht S. an die Bekämpfung der Lehre, die in der Schuldübernahme eine Sukzession erblickt. Es ist unter diesen Umständen begreiflich, daß seine Ausführungen der Überzeugungskraft entbehren! Er unterscheidet dabei zwischen *Schuld* und *Schuldpflicht*. Seine Definition der Schuld (S. 101) trifft zusammen mit seiner oben (S. 2 Z. 2 v. o.) erwähnten Definition des *Wofür* der Haftung. Schuldpflicht ist ihm aber eine solche Schuld, wenn dafür *gehaftet* wird. Diese ganze Unterscheidung hat für die Dogmatik des geltenden Rechts keine Bedeutung; denn es gibt darnach keine Schuld, für die nicht zugleich gehaftet wird, es sei denn, daß man etwas derartiges, d. h. ein Verhältnis, zufolge dessen jemand eine Leistung empfangen möchte, ohne sie fordern zu dürfen, eine *Schuld* (ohne Haftung) zu *nennen* beliebt.

Von seinem voreingenommenen Standpunkte aus kann S. allerdings sagen (S. 102), daß die Vertreter der Sukzessionstheorie unter der Schuld, in welche der neue Schuldner angeblich sukzedieren soll, das auf der konkreten schuldrechtlichen Haftung *beruhende* Leistensollen gewiß nicht verstehen. Allein seine Schlußfolgerung, daß für sie nur die Schuld im Sinne des Wofür der Haftung als Gegenstand in Betracht kommen könne, ist falsch. Nicht das Wofür der Haftung ist Gegenstand der Sukzession, sondern die Haftung *begründende* Verpflichtung zur Leistungsbewirkung.

Damit sind die (S. 102 ff.) angestellten Untersuchungen, ob der Schuldinhalt etwas sukzessionsempfängliches ist, völlig gegenstandslos, der Kampf gegen die Bejahung ein Kampf gegen Windmühlen. Wird aber von S. (S. 112) mit der These operiert, daß der Gläubiger nach deutscher Rechtsauffassung infolge des schuldbegründenden Tatbestandes auch zum Vermögen des Schuldners in rechtliche Beziehung gesetzt wird, so vermißt man die Prüfung der Frage, ob dies auch die Rechtsanschauung der geltenden Rechtsordnung ist. Übrigens müßte S. selbst von seinem Standpunkte aus wenigstens im Falle des § 416 BGB. die Erfordernisse einer Sukzession als gegeben erachten. Über diese Gesetzesbestimmung aber schweigt S. sich wohlweislich aus. Es wäre auch zu toll, in § 416 eine Sukzession zugeben zu müssen, die in §§ 414, 415 abgelehnt würde. Mit dem römischen Rechte aber ist nicht etwa die Sukzessionstheorie, sondern das ganze Institut der Schuldübernahme unvereinbar (S. 107, 113).

Vom Standpunkte S.s aus ließe sich übrigens die Sukzessionstheorie, der ja S. im wesentlichen das Bedenken entgegenstellt, daß dem Gläubiger durch den Schuldnerwechsel von der haftungsrechtlichen Anwartschaft nichts Wesentliches verloren gehen darf (S. 49), sehr einfach durch den Hinweis verteidigen, daß die Schuldübernahme Zustimmung des Gläubigers erfordert und durch diese Zustimmung die Haftung des Übernehmervermögens der des Schuldnervermögens vereinbarungsmäßig gleichgestellt wird.

Als Argument gegen die Sukzessionstheorie benutzt (S. 124 f.) u. a. S. den Grundsatz, daß eine rechtsgeschäftliche Sukzession nur durch Verfügung, nicht durch Verpflichtung bewirkt werden könne. Jener Grundsatz besteht aber nur für die Rechtsnachfolge. Ferner macht er geltend, daß die Verpflichtung des Übernehmers eine neue causa habe. Das ist ebenso richtig, wie daß der Anspruch des Zessionars eine neue causa hat, nämlich den Zessionsvertrag. Aber diese sukzessionsbegründende neue causa der Schuld des Übernehmers ist eben causa der Sukzession, indem jener sich so zu leisten verpflichtet, wie wenn er Urschuldner wäre, also die causa der übernommenen Schuld in seiner Person vorgekommen wäre.

S. bestreitet ja (S. 140/1) die Analogie des Zessionsvorgangs mit der Schuldübernahme, aber er bringt keine neuen Beweisgründe. Es genügt daher, auf meine Kritik (a. a. O. S. 516/7) zu verweisen, gegen die S. nichts einzuwenden vermochte.

Ad absurdum will S. (S. 146) die Sukzessionstheorie durch ein Beispiel führen. Da die Schuldübernahme als solche keiner Form bedürfe, so bedürfe einer solchen auch nicht die Übernahme der Verkäuferschuld, wenn ein Nichterbe eine Erbschaft verkauft habe, durch den Erben. Wie soll sich das mit Wortlaut, Sinn und Zweck des § 2371 BGB. vereinigen lassen? Dieser Frage kann man entgegenhalten, ob denn die Form des § 313 BGB. beobachtet werden müsse, wenn ein Nichteigentümer ein Grundstück verkauft hat und dann der Eigentümer die Verpflichtung des Verkäufers nach § 414 BGB. übernimmt? S. müßte folgerichtig die Frage gleichfalls bejahen. Das scheint mir aber eben unzutreffend. Denn durch die Schuldübernahme wird nicht eine Verpflichtung zur Grundstücksübereignung neu begründet — was § 313 voraussetzt —, es ist nicht Inhalt des Übernahmevertrags, daß sich der Übernehmer zur Übereignung verpflichtet, sondern sein Inhalt ist, daß der Übereignungspflichtige befreit werden soll durch das Versprechen des Übernehmers, diese Übereignungspflicht erfüllen zu wollen. Übrigens würde die Notwendigkeit der Form für die Schuldübernahme deren Charakter als Sukzession nicht ausschließen.

U. a. erklärt S. die Sukzessionstheorie für unfähig, die Übernahme einer Wechselschuld unter Unbrauchbarmachung des Wechsels zu erklären. Solche Übernahme sei unbestreitbar möglich und doch sei die Schuld des Übernehmers keine Wechselschuld (S. 151). Den Einwand Knockes, daß hier eine Schuldübernahme nach § 414 nicht gegeben sei, vermag S. nicht zu widerlegen; er erklärt ihn nur für unbegründet. Es liegt aber auf der Hand, daß die Übernahme nach § 414 durch Vertrag geschieht, im Strohalschen Falle aber der Vertrag nicht genügt, sondern ein Realakt — Unbrauchbarmachung des Wechsels hinzukommen muß.

Da, wo S. die Frage erörtert, ob es mit dem Wesen der Schuldübernahme vereinbar sei, daß sie im Verhältnis zwischen Gläubiger und Altschuldner als Befriedigung des ersteren wirkt (S. 154f.) zeiht er mich der Übertreibung, weil ich behaupte, bei jeder privativen Schuldübernahme trete diese Wirkung ein. Irgendeine Begründung für die Behauptung der Übertreibung gibt S. nicht. Unbegreiflich aber findet er mein Festhalten an der Sukzessionstheorie bei Annahme der Befriedigungswirkung. Als ob die §§ 426 Abs. 2, 774 Abs. 1 BGB. nicht existierten?

So versagen überall die von S. gegen die Sukzessionstheorie gerichteten Angriffe; nur in seiner Vorstellung sind sie erfolgreich.

II.

Als Zweck dieser Abhandlung wird (S. 1) angegeben „kurze Zusammenfassung der wichtigsten, in der etwas verstreuten Literatur über Schuld und Haftung erörterten Punkte" und erneute Erhebung der grundsätzlichen Frage nach einer fruchtbaren dogmatischen Verwertbarkeit der Unterscheidung von Schuld und Haftung.

Diesen Zweck zu verfolgen hält Verf. für notwendig, obwohl er sich bewußt ist nicht nur, daß das Thema anfängt, zu den abgedroschenen zu gehören, sondern auch, daß die Zahl derer, die der Unterscheidung von Schuld und Haftung alle Wichtigkeit für unser geltendes Recht absprechen, wahrscheinlich in der Zunahme begriffen sein dürfte. Verf. teilt ohne Quellenangabe mit, es sei schon behauptet worden, daß das Hineintragen jenes Unterschiedes in unser heutiges Recht lediglich eine germanistische Spitzfindigkeit und dabei ein verwirrendes und verwerfliches Attentat auf den Kopf des Studierenden sei.

Es dürfte nicht unberechtigt sein, die mangelnde Quellenangabe hier nachzuholen. Verf. entnimmt sein Wissen der kleinen Schrift v. Schwerins: Schuld und Haftung im geltenden Recht. Dieser Herr hat (S. 43 N. 3) gegen die Gebote schriftstellerischer Wohlanständigkeit eine Äußerung angeführt, deren ich mich in der Diskussion mit ihm über seinen Vortrag vor dem Münchener akademisch juristischen Verein bedient habe. Von „germanistischer Spitzfindigkeit" war allerdings nicht die Rede, wohl aber von der „Verwirrung der Köpfe", die da in völlig unnötiger Weise unternommen werde. Diese Bemerkung war nicht zur Veröffentlichung bestimmt. Daß sie durch Herrn v. Schwerin ohne meine Zustimmung veröffentlicht wurde, war ein Akt, der mich gleichgültig gelassen hätte. Da sie nun aber vom Verf. benutzt wird, so wird er wohl die Frage für berechtigt halten, ob jene Bemerkung nicht das Richtige trifft, wenn sich herausstellt, daß die Theorie von Schuld und Haftung für unser heutiges Recht ohne Bedeutung ist. Oder sollte er der Meinung sein, die dogmatische Erkenntnis eines Rechtes werde um so mehr gefördert, je mehr nutzlose Begriffe entwickelt werden? Wenn er diese Frage, wie ich nicht zweifle, verneint, so kann es sich bei Beurteilung seiner Schrift nur darum handeln, ob sie irgendeinen Beitrag zur Stütze der Scheidung von Schuld und Haftung im geltenden Recht geliefert hat. Das ist nicht der Fall! Dies sage ich nicht aus „Aversion gegen germanistische Lehren", die mir Verf. willkürlich unterstellt (S. 7 N. 28),[1]) sondern aus Aversion gegen die germanistische

[1]) Unwahr ist die Behauptung, ich glaubte, daß die germanistischen Lehren nur Schlagworte bringen.

Lehre von Schuld und Haftung, eine Lehre, welche die Aversion im vollsten Maße verdient.[2])

Daß die „geschichtlichen Grundzüge" auf S. 8—15 nichts für die gegenwärtige Bedeutung der Unterscheidung beweisen können, ist natürlich auch dem Verf. klar. Wir konstatieren übrigens gerne, daß er wenigstens nicht zu den Haftungsfanatikern gehört; es ist ihm bei der Verwertung der Gläubigerschuld durch andere offenbar unbehaglich (S. 16).

Aber auch was auf die geschichtlichen Grundzüge folgt, ist nicht mehr als eine Serie von Thesen ohne Beweis.

Oder was soll z. B. die Einteilung der Haftung im materiellen und im formellen Sinn? Ist wirklich irgendeine bessere Einsicht gewonnen, wenn man den Satz, daß der die Unmöglichkeit der Leistung vertretende Schuldner schadensersatzpflichtig ist, für den Inhalt der Haftung im materiellen Sinne erklärt (S. 17)?

Ist es nicht eine Wortklauberei, wenn (S. 21) einerseits zugegeben wird, das heutige Recht habe sich den römischen Obligationsbegriff zu eigen gemacht, aber seine Parallele sei unser heutiges „Schuldverhältnis", dessen Vorhandensein man beim Fehlen der Haftung leugnen möge; dagegen sei dem Begriff der Schuld die Haftung nicht wesentlich.

In Wahrheit gibt es einen allgemeinen Begriff der „Schuld" im Gegensatze zu „Schuldverhältnis" überhaupt nicht; es gibt nur einen aus den positiven Rechtsnormen zu abstrahierenden Begriff. Nach dem BGB. ist aber gemäß § 241 das Schuldverhältnis (= Verhältnis des Schuldens) ein solches, kraft dessen der Gläubiger forderungsberechtigt ist; ein Verhältnis, in dem dieses Forderungsrecht fehlt, ist sohin nach deutschem bürgerlichen Rechte kein Verhältnis des Schul-

[2]) Der Verf. möge übrigens verzeihen, wenn ich mich zu einer Aversion auch gegen den Gebrauch des undeutschen Wortes „gläubigerisch" (S. 9 Z. 2 v. u., S. 11 N. 1 Z. 9 u. Z. 20 v. o., S. 14 Z. 19 v. o.) hiemit bekenne.

dens. Es trotzdem eine Schuld zu nennen, dafür besteht nicht der geringste Anlaß. Es wird sich auch schwerlich jemand finden, dem sich die Verneinung der Spiel- oder Wettschuld nicht klar machen ließe ohne die Vorstellung, daß es sich zwar um kein Schuldverhältnis, wohl aber um eine Schuld handle und ebenso wird es sich verhalten, wenn man einem klar machen will, daß das aus Spiel oder Wette Geleistete nicht kondiziert werden kann.

Es trägt auch keineswegs zum besseren Verständnis der „Einrede" bei, wenn man sagt (S. 28): „Das Einrederecht beseitigt die Haftung nicht völlig, sondern macht sie nur zu einer unvollkommenen, während die Schuld als solche dadurch gar nicht berührt wird." In Wahrheit hat die erfolgreiche Geltendmachung des Einrederechts die Wirkung, daß die Schuld des Berechtigten als nicht bestehend erklärt werden muß.

Verf. möchte ein Auseinandergehen von Schuld und Haftung bei der Sachmängelhaftung des Verkäufers feststellen (S. 28). Die Schuld des Verkäufers, meint er, gehe doch wohl auf die Lieferung einer mangelfreien Sache, die Haftung auf Gewährleistung. Nun geht aber in Wahrheit die Schuld des Verkäufers nicht auf Lieferung einer mangelfreien Sache, sondern (§ 433) auf Übergabe und Übertragung des Eigentums der gekauften Sache. Stellt diese sich als mangelhaft heraus, so entstehen für den Käufer neue Ansprüche auf Wandlung oder auf Preisminderung. Der Anspruch aus dem Kaufvertrag nach § 433 ist durch Übergabe und Eigentumsverschaffung erfüllt.

Bei Betrachtung der „Haftung mehrerer Personen" kommt Verf. auch auf das eheliche Güterrecht zu sprechen, dessen Vorschriften ihm besonders lehrreich für die Feststellung begrifflicher Verschiedenheit zwischen Schuld und Haftung erscheinen (S. 32 ff.). Was aber der Verf. hiezu (auf S. 33—35) ausführt, ist nichts weniger als eine solche Feststellung. Auch übersieht

Verf., daß die begriffliche Verschiedenheit von Schuld und Haftung im Sinne seiner Lehre unschwer einzusehen ist und daß die Aufgabe, die er sich gestellt hat, gar nicht der Nachweis dieser begrifflichen Verschiedenheit sein sollte, sondern der Nachweis der Bedeutung dieser Verschiedenheit für das heutige Recht. Die von ihm erörterte Frage, ob die Haftung des Gesamtguts für Schulden des Ehemanns zu einer Schuld der Frau führe, dürfte eine der müßigsten auf dem Gebiete des bürgerlichen Rechtes sein. Denn wie man sie entscheiden mag, feststeht ja doch, daß ein Anspruch des Gesamtgutsgläubigers keinesfalls gegen die Frau geltend gemacht werden kann. (Das gilt auch gegen Strohal, Schuldpflicht S. 44 f.)

Ebenso wertlos, wie für die Erkenntnis der gütergemeinschaftlichen Haftungsverhältnisse ist die Scheidung von Schuld und Haftung für den Fall des Vermögensnießbrauchs; für den Wert der Scheidung hat Verf. (S. 35 f.) nichts beigebracht. Ob de lege lata bei Festsetzung persönlicher Haftung die Haftung Grund der Schuld oder die Schuld Grund der Haftung sei (S. 36 N. 5) ist doch wahrlich ohne jede Bedeutung!

Verf. bespricht (S. 36 ff.) eine Anzahl von Rechtsverhältnissen, für welche seiner Meinung nach die Frage aufgeworfen werden könnte, ob eine Haftung ohne eigene Schuld des Haftenden vorliegt.

Als solche Rechtsverhältnisse führt er an: Haftung des Staates für den Beamten, des Vereins für seine Organe, des Aufsichtspflichtigen nach BGB. §§ 831, 832, Haftung des Bürgen, des Garanten, des Wechselausstellers und Indossanten, des Frachtführers im Falle des § 432 HGB. Überall verneint Verf. das Vorliegen einer Haftung ohne eigene Schuld. Dagegen wäre nichts einzuwenden. Wenn er aber der Scheidung von Schuld und Haftung bei der Bürgschaft praktische Bedeutung beimißt, so ist das nicht zutreffend. Er meint, wenn man den Bürgen nur haften, nicht auch schulden ließe, so könnte das die Annahme zur Folge haben, daß gewisse für die Schuld gegebene Vorschriften, bei der Bürgenpflicht keine Anwendung finden, etwa die Vorschriften über Teilleistungen, Leistungsort und Leistungszeit. Diese Annahme könnte aber in Wahrheit keinesfalls die Folge der Auffassung sein, daß der Bürge nur hafte im Sinne der Trennung von Schuld und Haftung, sie könnte nur die Folge gesetzlicher Vorschrift sein. Im Ernste glaubt denn auch Verf. selbst nicht an seine These (S. 39 Z. 11 v. u.); dagegen will er an einem anderen Beispiel zeigen, daß es einen Unterschied macht, ob der Bürge schuldet oder nur haftet: Wenn er schuldet, so bewirke die einseitige Erklärung des Gläubigers, daß er auf die Bürgschaft verzichte, keine Befreiung des Bürgen; denn dazu wäre Verzichtsvertrag nötig; wenn er nur haftet, dann könne die Befreiung nach Analogie des § 1255 einseitig erfolgen. Diese Analogie ist aber durchaus unzulässig; denn es handelt sich in § 1255 um Aufgabe eines Sachenrechts, bei der Bürgschaft um ein persönliches Recht.

Im Anschluß an die Erörterung der vorerwähnten Rechtsverhältnisse behandelt Verf. noch die Fälle, bei denen der Übergang von Vermögen die Folge hat, daß zur vorhandenen Verbindlichkeit eine neue hinzutritt (S. 44ff.). Auch hier kann Verf. nur behaupten, daß Schuld und Haftung nicht getrennt vorkommen, mithin seinen Satz von der Brauchbarkeit der Scheidung beider im heutigen Rechte nicht erhärten.

Nicht erfolgreicher sind die Ausführungen über „beschränkte Haftung?" (S. 48ff.). Hier schaltet Verf. zunächst (S. 49f.) vom Begriffe aus die Fälle der „begrenzten Schuld". Da scheint nun endlich eine praktische Bedeutung des Unterschieds von Schuld und Haftung zu stecken! Aber es ist nur Schein! Denn die begrenzte Schuld ist eine falsche Begriffsbildung. Jede Schuld ist begrenzt, keine ist unbegrenzt. Daß in einem Falle die Grenze durch den Schuldvertrag, in dem andern durch die Schadenshöhe, im dritten durch den Betrag der Kommanditeinlage gezogen wird, ist natürlich ohne Belang. Sonach gibt es auch keinen Gegensatz von beschränkter Schuld und beschränkter Haftung.

Des weiteren (S. 50 N. 2) wird ausgeführt, daß persönliche Haftung und unbeschränkte Haftung nicht identisch sind, ferner (S. 50 f. N. 3), daß zur Schuld mit persönlicher Haftung eine vertragliche oder gesetzliche Sonderhaftung hinzutreten kann, daß (S. 51 N. 4) dem persönlich aber beschränkt haftenden Schuldner im Urteil die Beschränkung des Gläubigerzugriffs vorbehalten werden müsse. Das alles ist für das thema probandum unbehelflich. Anders stünde es mit der Behauptung, daß die Erschöpfung der beschränkten Zugriffsmacht des Gläubigers zwar die Haftung beseitigt, aber nicht die Schuld, diese vielmehr zahlbar bleibt und daß Pfänder und Bürgen weiter haften, wenn diese Behauptung zuträfe. Die vom Verf. angezogenen Gesetzesstellen (S. 53 N. 13) ergeben dies keineswegs. Denn aus § 768 I 2 ergibt sich z. B. nur die Rechtsregel, daß in jeder Verbürgung die Erklärung liege, der Bürge wolle für den Fall des Todes des Schuldners den Gläubiger voll befriedigen; in § 1211 I 2 liegt die Regel; wer für fremde Schuld seine Sache verpfändet, der erklärt damit, daß das Pfand im Falle des Todes des Schuldners für den vollen Schuldbetrag soll in Angriff genommen werden dürfen. Zu dieser Erklärung müssen selbstverständlich Bürge und Verpfänder stehen, die Leistungspflicht des Schuldners ist trotzdem untergegangen mit dem Untergang des Gegenstandes der beschränkten Haftung. Eine neuerliche Klage auf Leistung wäre abzuweisen,[3]) Zahlung durch den Schuldner wäre — abgesehen von BGB. § 814 — indebiti solutio bzw. Schenkung.

Die Fälle der reinen Sachhaftung geben dem Verf. Anlaß zur Erörterung der Fragen: Haftung ohne Schuld? Schuld

---

[3]) Vgl. den Verf. selbst S. 54 Z. 4 v. o.

ohne Haftung? (S. 54 f. N. 7, S. 56—64). Die erste Frage wird zerlegt in: a) Haftung ohne jede Schuld? b) Haftung ohne inhaltlich gleiche Schuld? c) Haftung ohne eigene Schuld?

Zu a wird die Frage bejaht. Die reine Sachhaftung ist Haftung ohne Schuld z. B. die Grundschuld. Hier kann ich nur wiederholt mein Befremden äußern, daß man das dingliche Verwertungsrecht mit dem obligatorischen Haftungsverhältnis vermengt.

ad b ist es dem Ref. nicht gelungen, in den Sinn der Frage einzudringen.

Zu c. Das Vorkommen solcher Haftung zeigt allerdings unwiderleglich die Verpfändung für fremde Schuld, nur muß man daran festhalten, daß es sich hier um ein dingliches Rechtsverhältnis handelt.

Der Ansicht (S. 59 f.), daß bei der Gläubigeranfechtung der Anfechtungsgegner dem Anfechtungsberechtigten für fremde Schuld hafte, kann ich von meinem Standpunkte der dinglichen Anfechtungswirkung natürlich nicht zustimmen.

Bei Besprechung der Frage: Schuld ohne Haftung? wird begreiflicherweise die „Naturalobligation" in den Vordergrund gestellt (S. 61 f.). Verf. erklärt sie für Schuld, aber Schuldverhältnis ist sie nicht. Daß sie Schuld sei, nicht etwa ein rechtliches Nichts begründet Verf. damit, daß das Gezahlte nicht zurückverlangt werden könne. Der Verf. läßt aber bei dieser Begründung außer acht, daß der Ausschluß der Rückforderung des Gezahlten auch in Fällen unbezweifelter Nichtschuld vorkommt (BGB. § 814 letzter Halbsatz) und daß die sogen. Spielschuld keine Schuld zu sein braucht, um kein rechtliches Nichts zu sein. Ist doch auch die sittliche und die Anstandspflicht gerade wegen § 814 cit. auch kein rechtliches Nichts.

Daß der verjährte Anspruch und der durch Zwangsvergleich erlassene keine Fälle der Schuld ohne Haftung darstellen, sondern Fälle von einredebehafteten Ansprüchen, bemerkt Verf. m. E. mit vollem Rechte. Dies nennt Verf. „Schuld mit unvollkommener Haftung"; das ist Sache des Geschmacks. Keinesfalls bieten alle diese Betrachtungen irgendeine Stütze für die Verwertbarkeit der Scheidung von Schuld und Haftung im heutigen Recht. So halte ich den „Nachweis, daß Schuld und Haftung Begriffe sind, deren Verschiedenheit uns noch im heutigen Rechte häufig genug entgegentritt" (S. 64 Z. 5 v. u.) für total mißlungen. Dieses Urteil wäre nur unter der Voraussetzung grundlos, wenn Verf. bewiesen hätte, was er (S. 66 Z. 3f. v. o.) behauptet, daß die Unterscheidung in gewissen Fällen für Institutionen des geltenden Rechts unentbehrlich ist. In seiner ganzen Schrift hat er an keiner Stelle diesen Beweis versucht.

III.

Auch dieses Buch — von den dreien, die hier besprochen werden, das umfangreichste — setzt sich die Aufgabe, darzutun, daß sich die Unterscheidung von Schuld und Haftung im geltenden Rechte mit Nutzen verwenden lasse.

Wie die rechtshistorische Betrachtung es angezeigt gefunden habe, das „Soll", das dem Schuldner auferlegt ist, den „Erfolg", der dem Gläubiger zusteht, völlig von den Zwangsmitteln zu trennen, die um eines solchen Solls oder Erfolges willen in Bewegung gesetzt werden können, so wolle der Verf. fragen: wie regelt das geltende Recht das Soll für den Schuldner, den Erfolg für den Gläubiger? und andererseits: welche Behelfe stehen dem Gläubiger deshalb zur Verfügung, weil der Schuldner das Soll nicht leistet, weil der Erfolg nicht eintritt?

Die Aufstellung der Begriffe Schuld und Haftung erscheint dem Verf. nicht nur logisch, sondern auch deshalb gerechtfertigt, weil die in jedem Begriffe zu vereinigenden Normen ihren Zwecken nach zusammengehören oder anders ausgedrückt, weil in jedem Begriffe Normen enthalten sind, die ganz verschiedene Zwecke verfolgen (S. 1—9).

Der Verf. stellt fest, daß das System der geltenden Gesetzgebung von der begrifflichen Trennung der Schuld und Haftung nichts weiß. Er lehnt daher — mit Recht — jede terminologische Beweisführung ab. Den systematischen Platz weist der Verf. der Lehre von Schuld und Haftung in den allgemeinen Lehren des bürgerlichen Rechtes an, da sie nicht bloß im Schuldrecht, sondern auch im Sachenrecht, Familienrecht und Erbrecht Gelegenheit der Betätigung finde (S. 10—14).

Grundsätzliche Bedenken gegen die dogmatische Verwendung der Begriffe Schuld und Haftung sucht der Verf. schon vor dem Beginne der eigenen Untersuchung zu prüfen, um festzustellen, daß dieser Untersuchung nicht überhaupt der Weg verlegt sei.

Nicht von Erheblichkeit erscheinen ihm „die Argumentationen, die sich von der Untersuchung keinen Erfolg versprechen". Denn ihnen könne ein Gegenbeweis dadurch geliefert werden, daß die Lehre von Schuld und Haftung zu brauchbaren Resultaten gelangt, die auf anderem Wege nicht oder nicht so gut erreichbar sind. Zu jenen Argumentationen rechnet er auch meine gegen Strohal gerichteten Äußerungen in der Kritischen Vierteljahrsschrift Bd. 49 S. 504 ff. Allein wenn nicht alles täuscht, so habe ich mich a. a. O. keineswegs darauf beschränkt, zu sagen, daß ich mir keinen Erfolg verspreche, sondern zu zeigen versucht, daß die von Strohal behauptete Brauchbarkeit der Lehre nicht bestehe.

Ebenfalls unerheblich soll die Ansicht sein, der einheitliche Schuldbegriff des BGB. verbiete eine unnötige Spaltung in zwei Teile. Denn ob die Spaltung unnötig sei, das werde sich erst zu zeigen haben.

Das von Kohler und Siber erhobene Bedenken gegen den Begriff der Haftung als „einer Einständerschaft, einer Art Bürgschaft zum Ersatz für die Erfüllung der Schuld — da vielmehr heutzutage der Schuldner nicht kraft sklavenmäßiger Dienstbarkeit, sondern kraft gesellschaftlicher Ordnung zu leisten habe, bzw. da nach heutigem Vollstreckungsrechte die Haftung nicht mehr Ersatz der Erfüllung, sondern die wirkliche Erfüllung erzwinge" beseitigt Sch. damit, daß hiedurch sein Ausgangspunkt nicht getroffen werde, weil es sich für ihn nur darum handle, unter Haftung „diejenigen Rechtsbehelfe zu vereinigen, die dem Gläubiger zur Verfügung stehen, weil der Schuldner das Soll nicht leistet, oder der dem Gläubiger zustehende Erfolg nicht eintritt".

Ernster nimmt der Verf. eine vierte Einwendung, die dahin geht, daß „reine Schulden ohne Haftung, also gesetzliche Befehle ohne Erzwingbarkeit bzw. Erfüllungskontrolle, überhaupt nicht mehr dem Gebiete des Rechts, sondern dem der Moral angehörten". Allein auch diese Einwendung — die vor allem von Siber geltend gemacht worden — trifft nach der Ansicht des Verf. seine vorliegende Untersuchung nicht. Denn diese Einwendung bekämpfe einen Begriff von Schuld ohne Haftung, wie er der gegenwärtigen Untersuchung überhaupt nicht zugrunde gelegt sei. Nach Siber müsse die Zuwiderhandlung gegen die Schuld unter allen Umständen Pflichtverletzung sein, also ein Unrecht darstellen. Schuld ohne Haftung sei aber in Wahrheit lediglich rein privatrechtliche Ordnungsvorschrift. Das Zuwiderhandeln gegen sie sei also vom Rechtsstandpunkte aus nicht pflichtwidrig, sondern lediglich ordnungswidrig (S. 14—19).

Hier muß das Referat Halt machen; denn hier liegt das πρῶτον ψεῦδος der ganzen Arbeit des Verf., mit dessen Aufdeckung ihr ganzer Inhalt in sich zusammenbrechen muß. Verf. hat sichtlich das Unbehagen deutlich empfunden, welches jeden Unbefangenen überkommen muß bei dem „Leistensollen" ohne „Verlangendürfen" der Germanisten, bei dem „Erfolg, der dem Gläubiger zusteht" (S. 6 v. u.). Um diese schemenhaften Vorstellungen mundgerechter zu machen, konstruiert Verf. einen Gegensatz von Pflicht und Ordnung, der gar nicht besteht. Denn wo das Recht Ordnung gebietet, da ist eben die Ordnung Pflicht und Ordnungswidrigkeit ist Pflichtverletzung im Rechtssinne, juristisches Unrecht. Folgerichtig besteht ein Gesetzesbefehl da überhaupt nicht, wo das Gesetz nicht ein Verhalten vorschreibt, sondern anheimstellt.

Auf diese Erwägungen wird die Besprechung der späteren Partien des Buches noch einmal zurückführen. Vorerst sei festgestellt, daß Verf. neuer technischer Ausdrücke sich bedient, um Haftung und Schuld vom Standpunkte des Gläubigers aus treffend zu bezeichnen. Die Aktivseite der Haftung nennt er „Deckung", die Aktivseite der Schuld aber „Anrecht". Ein Anrecht hält er für denkbar ohne Schuld. Schon wegen dieser Denkbarkeit hält er es für empfehlenswert, nicht „Schuld und Haftung" in den Vordergrund zu stellen, sondern die Gläubigerseite: „Anrecht und Deckung". Dafür sprächen noch drei weitere Gründe: einmal der Umstand, daß im geltenden Rechte die Person des Schuldners bei der Erfüllung meist keine Rolle spielt; sodann das völlige Versagen des Ausgehens von der Schuldnerseite in den Fällen der Unmöglichkeit der geschuldeten Leistung, für die der Schuldner verantwortlich ist, weil hier die unmögliche Leistung nicht geschuldet werde und die Umwandlung in eine Ersatzverpflichtung Haftungs- und nicht Schuldfunktion sei; endlich das Vorkommen von Anrechten, die der Schuldner ihrem Inhalt nach überhaupt nicht befriedigen könne, nämlich der Anrechte auf Feststellung und auf Rechtsgestaltung (S. 19—27). Gegenüber diesem letzteren Grunde sei nur bemerkt, daß bei derartigen Anrechten so wenig von einer Gläubiger- wie von einer Schuldnerseite die Rede sein kann, da man von Gläubiger nur da zu sprechen gewöhnt ist, wo ein Recht auf Leistung besteht:

Die eigentliche Untersuchung des vom Verf. gestellten Problems beginnt mit Darstellung des „Rechts der reinen Schuld“ (S. 28—173). Hier steht die Definition von Schuld und Anrecht an der Spitze (S. 28—48).

Unter Schuld ist nach Sch. zu verstehen der Gesetzesbefehl an ein bestimmtes Rechtssubjekt durch privatrechtlichen Rechtssatz zur Vornahme einer Handlung; unter reiner Schuld die Schuld, bei der mit dem Gesetzesbefehl für den Gläubiger keine Rechtsbehelfe verbunden sind, die ihm bei etwaiger Nichtleistung Zwangsbefriedigung oder Ersatz verschaffen sollen.

Wo ein bestimmtes Rechtssubjekt als Adressat des Handlungsbefehles fehlt, da liege keine Schuld, sondern nur ein Anrecht vor.

Eine Unterlassungsschuld gebe es trotz BGB. §§ 194, 241 in Wahrheit nicht. An der Beweisführung für diesen Satz (S. 33ff.) ließe sich manches bemängeln; es möge jedoch davon abgesehen, vielmehr die Behauptung des Verf. als zutreffend hingenommen werden, zumal er ja nicht die Unterlassungspflicht leugnen, sondern lediglich aus dem Gebiete von Schuld und Haftung ausschalten will (S. 36).

Ob die Schuld durch einen Befehl des Gesetzes begründet sein müsse, darüber gingen allerdings die Meinungen weit auseinander. Auszugehen sei davon, daß in der Regel der privatrechtliche Befehl durch irgendeine Form der Haftung des Pflichtigen zum Ausdruck komme; wo solche Haftung fehle, da sei zu vermuten, daß ein Befehl zum Handeln, eine Schuld, nicht vorhanden ist. Es wäre anderseits, da die Terminologie des Gesetzes auf die Möglichkeit einer reinen Schuld keine Rücksicht nimmt, weil seinen Verfassern dieser Begriff noch fremd war, verfehlt, aus dem Mangel der Befehlsform und der Haftung immer auf den Mangel einer Schuld zu schließen. Denn so würde es überhaupt keine Schuld ohne Haftung im geltenden Rechte geben.

Dieser (vom Referenten gesperrte) Satz würde nach dessen Ansicht kein Unglück bedeuten. Wenn aber Verf. fortfährt, den Gesetzesverfassern, welche die Lehre von Schuld und Haftung nicht berücksichtigten, habe es nahe gelegen, mit dem Begriff des Gesetzesbefehls den des Rechtszwanges ohne weiteres zu verbinden und daher den Befehl unausgesprochen zu lassen. wo nur der Zwang abgelehnt werden sollte, so ist diese Ausführung das Ergebnis einer vorgefaßten Meinung. So kann nur argumentieren, wer „mit der begrifflichen Scheidung von Schuld und Haftung an die Gesetze herantritt". Wer dies aber zum Zweck der Gesetzesauslegung tut, obwohl er zugeben muß, daß den Gesetzesverfassern diese Scheidung unbekannt war, der verstößt gegen elementare Auslegungsregeln.

Überdies hat Verf. unterlassen, die Instanz namhaft zu machen, die maßgebend sein soll für die Entscheidung der Frage, ob an einzelnen Stellen der Befehl unterblieb nur weil kein Zwang geübt werden sollte. Deshalb bedeutet auch das Ergebnis des Verf.: „Wo diese Frage zu bejahen ist, liegt eine Schuld ohne Haftung vor" in Wahrheit keine begriffliche Notwendigkeit, sondern eine subjektive Auffassung. Denn die Beweisführung: „Wenn der wahre gesetzliche Wille die Unterscheidung von Schuld und Haftung beachtet hätte, würde das Gesetz befohlen, aber nicht gezwungen haben, d. h. es würde auch in seinem äußeren Ausdruck unmißverständlich eine Schuld ohne Haftung statuiert haben. Daher ist der Gesetzestext . . . zu korrigieren und einschränkend auszulegen." übersieht, daß die einschränkende Auslegung den Nachweis erfordert, daß der Ausdruck zu weit gefaßt ist, daß weniger gewollt als gesagt war, daß mithin die bloße Vermutung, es würde der Ausdruck anders gelautet haben, wenn eine gewisse Auffassung zum Bewußtsein gekommen wäre, die einschränkende Auslegung nicht zu rechtfertigen vermag.

Aber Verf. will an einem typischen Beispiel noch sein Verfahren erläutern (S. 38/9), nämlich an Spiel und Wette. Das tut er so, daß er den Grundsatz der Vertragsfreiheit im Gebiet der Schuldverhältnisse an die Spitze stellt, der durch § 138 eingeschränkt werde. Dann legt er dar, daß diese Einschränkung für Spiel und Wette nicht zutrifft. Wenn daher § 762 ihre Unverbindlichkeit statuiert, weil — wie die Motive sagen — Prozesse über Spielschulden ausgeschlossen bleiben sollten, so habe das Gesetz nur den staatlichen Eingriff vermeiden wollen und seine Normen ausschließlich nach diesem Gesichtspunkte eingerichtet. Damit sei aber keine Zurücknahme des an sich gegebenen Leistungsbefehls für alle Schuldverträge begründet, sondern nur die Ausschaltung des Zwanges und . . . eine damit zusammenhängende Änderung des Befehlsinhalts. Mithin liege eine Schuld vor, aber die Haftung fehle.

Nichts leichter als das! Geschwindigkeit ist keine Hexerei! Ich sollte meinen, daß dem aufmerksamen Leser dieser Erläuterung der Mangel ihrer Schlüssigkeit in die Augen springt. Denn 1. das Prinzip der Vertragsfreiheit, welches aus den Einzelnormen des Gesetzes abstrahiert wird, betrifft die Form, nicht den Inhalt. 2. dieses Prinzip ist keinesfalls ein Gesetzesbefehl auf Leistung, 3. § 138 wäre nicht die einzige Einschränkung des Prinzips; eine solche läge gerade auch in § 762.

Im weiteren Verlaufe seiner Auseinandersetzung (S. 42f.) kommt Verf. wieder auf seinen Gegensatz von Rechtsvorschriften und von bloßen Ordnungsvorschriften und weist den letzteren die ganze Gruppe der sog. „Sollvorschriften" zu. Er exemplifiziert auf:

1. BGB. § 56. Wenn sich ein Verein von sechs Mitgliedern eintragen lasse, so habe nur der Richter juristisches Unrecht begangen und zwar nicht wegen Verstoßes gegen § 56, sondern wegen Amtspflichtverletzung. Dieses „sondern" ist unbegründet; denn die Amtspflicht wird eben in § 56 festgesetzt. Daß aber

die sechs Mitglieder kein Unrecht begangen haben, kommt allein daher, daß § 56 ihnen nichts befohlen hatte.

2. BGB. § 1645. Wenn der Vater gegen § 1645 für das Kind ein Erwerbsgeschäft ohne vormundschaftsgerichtliche Genehmigung beginne, so sei das kein juristisches Unrecht; wenn alles gut geht, bleibe das auch für ihn ohne Folge.

Aber wenn es nicht gut geht, wie dann? Dann entspringt aus der Pflichtverletzung Schadensersatzpflicht! Daß dies im ersteren Falle nicht so ist, erklärt sich nicht aus dem Mangel juristischen Unrechts, sondern aus dem eines Schadens. Der Unterschied der Bedeutung von Muß- und von Sollvorschriften liegt bekanntlich ganz anderswo. Die Verletzung der ersteren macht den Rechtsakt nichtig, die der letzteren beeinträchtigt seine Gültigkeit nicht, begründet aber gerade deswegen Schadensersatzpflichten bei eintretendem Schaden.

Weit gefehlt aber ist es, wenn Verf. die Schuld ohne Haftung als eine privatrechtliche Sollvorschrift erachtet, da diese angebliche Schuld weder ein Muß, noch ein Soll enthält, wenn man ihr nicht das letztere willkürlich unterstellt. Dies tut Verf., indem er den angeblichen Rechtsbefehl mit der Wirkung ausstattet: „wer ihn befolgt, wird behandelt wie einer, der einer Rechtsvorschrift genügt".

In der Terminologie des Verf. ist das Widerspiel der Schuld, wie er sie versteht, von der Gläubigerseite aus gesehen, das Anrecht. Dieses stelle sich dar als der Zweck, den das Recht mit seinem Befehl an den Schuldner verfolgt. Es gebe aber auch Anrechte ohne Schuld, z. B. auf Ehescheidung, auf Feststellung, auf Zahlung aus einem herrenlosen Grundstück, m. a. W. das Anrecht richte sich lediglich auf einen Erfolg, der dem Berechtigten nach dem Willen des Gesetzes werden soll, gleichviel ob dieser Erfolg durch Leistung oder sonstwie bewirkt wird.

Nach diesen begrifflichen Erörterungen geht Verf. über zur

Übersicht der seiner Meinung nach gesetzlichen Fälle der Schuld ohne Haftung (S. 48—124). Als erste Gruppe führt er an die Fälle heilbarer Formmängel (BGB. §§ 313, 518, 766, 2301; GmbHG. § 15 Abs. 4). — Wenn man hier ohne die Scheidung von Schuld und Haftung konstruieren wolle, wie es die herrschende Meinung tut, so begehe man schwere logische Fehler. Denn indem das Gesetz anordnet, daß der Formmangel durch die Vollziehung beseitigt sein soll, spreche es zugleich aus, daß die Vollzugsleistung nicht als indebitum betrachtet wird, sondern als ein debitum eben auf Grund der formlosen, also „nichtigen" Erklärung. Wie so aber eine nichtige Erklärung eine Schuld hervorbringen soll und wie so trotzdem jede Rückwirkung der Heilung abgelehnt wird, bleibe unerklärt. Überdies ergebe sich die praktische Unzuträglichkeit, daß die herrschende Meinung den Gläubigerverzug verneinen müsse, wenn der andere Teil die angebotene, aber wegen Vertragsnichtigkeit nicht geschuldete Leistung ablehnt.

Was den ersten Punkt betrifft, so scheint er sich mir einfach zu erledigen. Die Gesetze sprechen nirgends aus, daß die Leistung des ungültig Versprochenen Leistung eines debitum ist, seine Unkondizierbarkeit erklärt sich ausreichend aus § 814. Der Ausschluß des Gläubigerverzuges aber entspricht durchaus der Nichtigkeit des Vertrags, dessen Erfüllung allerdings nicht verhindert, aber auch nicht aufgedrängt werden sollte.

Hinsichtlich des § 313 BGB. befaßt sich Sch. zunächst damit, Widersprüche in der Rechtsprechung nachzuweisen (S. 53 f.). Der Standpunkt des Reichsgerichts, das für die heilende Wirkung der Auflassung und Eintragung das noch vorhandene volle Einverständnis über den Inhalt des formwidrigen Vertrags verlange, erscheint dem Verf. verfehlt, weil er dem Gesetze nicht entspreche. Wenn nicht alles täuscht, so beruht die Meinung des Verf. über den Standpunkt des Reichsgerichts auf einem Mißverständnis seiner Entscheidungsgründe. In RG. 60 S. 340

wird nur festgestellt, daß die Auflassung den nichtig veräußerten Gegenstand betreffen muß, wenn sie heilend wirken soll; in RG. 65 S. 390ff. wird der besondere Fall behandelt, daß ein formgerechtes Verkaufsangebot eines Grundstücks vom Käufer formgerecht später angenommen wird, in der Zwischenzeit aber eine formwidrige Änderung des Angebots stattgefunden hat. Für diesen Fall heißt es, es müsse z. B. der Auflassung noch Willensübereinstimmung hinsichtlich der Vertragsänderung bestehen, offenbar deshalb, weil man sonst nicht wissen kann, auf welche Vereinbarung sich die Auflassung beziehen soll, ob auf die formgültige, oder auf die formwidrige; in RG. 75 S. 115f. endlich spricht das Reichsgericht lediglich aus, daß die Heilung nach § 313 S. 2 keine rückwirkende Kraft habe. Unter diesen Umständen bedarf es eines Eingehens auf den Vorwurf nicht, daß die Auffassung des Reichsgerichts auch in sich nicht widerspruchslos sei.

Die Konstruktion des § 313 nach der Lehre von Schuld und Haftung ist folgende: Der formwidrige Vertrag über die Verpflichtung zur Grundstücksübereignung bringt eine Schuld beider Parteien hervor, gerichtet auf Erfüllung des Vertrags, aber keine Haftung. Diese tritt vielmehr erst durch Auflassung und Eintragung hinzu.

Diese Konstruktion soll dem Gesetze besser entsprechen und zu angemesseneren Ergebnissen führen.

Solche Behauptungen sind nicht geeignet, etwas zu beweisen. Verf. geht dabei von der Voraussetzung aus, er habe wirklich dargetan, daß die Konstruktion mit dem § 125 BGB. unhaltbar sei, daß der formwidrige Vertrag im Sinne des § 313 nicht nichtig, sondern nur klaglos sei, während doch dieser Nachweis nur in der Vorstellung des Verf. gelungen ist und, wie er selbst sagt (S. 61), voraussetzt, daß man seiner Ansicht sich anschließt, der Grundsatz von der Klagbarkeit formloser Verträge habe im geltenden Schuldrecht die Kraft eines allgemeinen Gesetzesbefehles gewonnen. Daß gerade dies nicht der Fall ist, habe ich bereits oben (S. 49) betont. Damit werden alle Schlußfolgerungen des Verf. gegenstandslos.

Wenn er übrigens meint, die Frage des Beginnes der Verjährung für die Ansprüche wegen Sachmängel löse sich viel einfacher vom Standpunkt der Schuld- und Haftungslehre aus, als durch die Begründung des Reichsgerichts (in RG. 75 S. 115 f.), so scheint mir dies eine arge Selbsttäuschung, wie ein Vergleich der reichsgerichtlichen Begründung a. a. O. mit der gekünstelten des Verf. S. 64 Z. 6 v. u. sofort ergibt. Er nennt die Verjährungseinrede eine Einrede gegen die persönliche Haftung und erklärt deshalb den Beginn der Verjährungsfrist für unmöglich, bevor die Haftung selbst existent wird. Das Reichsgericht erfordert für die Entstehung des Mängelanspruchs Gültigkeit des Kaufs und läßt deshalb die Verjährung erst mit dem Eintritt der Gültigkeit beginnen gemäß § 198 BGB.

Die Ansprüche wegen Sachmängel erklärt Verf. übrigens — wie dies auch Buch tut — für Haftungswirkung. Dagegen verweise ich auf das oben (S. 38 Z. 16 v. o.) Gesagte.

Daß der Schuldner der haftungslosen Schuld des § 313 cit. seinen Gläubiger in Annahmeverzug müsse versetzen können mit der Wirkung des § 304 BGB. scheint dem Verf. nicht mehr als billig. Die Billigkeit illustriert er an einem Beispielsfalle (S. 67). Dabei übersieht er, daß der Gläubigerverzug des BGB. einen Gläubiger nach BGB. voraussetzt und daß ein Gläubiger nach BGB. § 241 nur ist, wer eine Leistung zu fordern berechtigt ist, mithin nicht, wer sie nur „bekommen soll".

Eine zweite Gruppe von Schuld ohne Haftung umschließen nach der Ansicht des Verf. die §§ 110, 827, 828 BGB.

Die subtilen Erörterungen über § 110, sein Verhältnis zu § 107 und § 108, sowie über die Anwendbarkeit des § 109 auf Fälle des § 110 (S. 72—87), die wieder darauf hinauskommen, zu zeigen, daß der angeblich nichtige Vertrag den Minderjährigen doch in den Stand setze, dem andern Teil die Leistung mit der Wirkung des Annahmeverzugs anzubieten, daß also bereits vom Minderjährigen etwas geschuldet werde, aber ohne Haftung, alle diese Erörterungen sind wiederum vergeblich, wenn es wahr ist, daß der Gläubigerverzug einen Gläubiger im Sinne des BGB. voraussetzt. Dagegen läßt sich auch nicht aufkommen mit dem (S. 81) gegebenen Beispiel: „ein minderjähriger Student hat einem volljährigen Kommilitonen mit 20 M. ausgeholfen. Später hat er von jenem für den gleichen Preis Bücher gekauft." So widersinnig es dem Verf. erscheinen mag, wenn man hier den Bücherkauf durch „Aufrechnung" nicht ebenso wie durch Zahlung seitens des Minderjährigen gültig werden läßt, so wenig hilft dies gegen die klare Vorschrift, daß nur die Bewirkung der vertragsmäßigen Leistung selbst heilende Kraft besitzen soll, nicht ein Surrogat hiefür. Dazu kommt, daß die Bereicherungsforderung, die dem Minderjährigen gegen den Volljährigen erwächst — denn einer Darlehensforderung stünde § 107 entgegen — kein ihm zur freien Verfügung überlassenes Recht wäre, mithin ihm ein Verzicht darauf durch Aufrechnung nicht zustünde. Endlich setzt Aufrechnung Gegenüberstehen von Forderungen voraus.

Der Versuch des Verf., im Hinblick auf § 110 cit. von vorneherein zwei Arten von Rechtsgeschäften des Minderjährigen zu unterscheiden, nämlich: einwilligungsbedürftige gemäß §§ 107 bis 109 cit. und solche kraft Ermächtigung nach § 110, muß als mißlungen schon deshalb betrachtet werden, weil dem Dritten gegenüber, mit dem sich der Minderjährige eingelassen hat, beim Geschäftsabschluß die „Ermächtigung" gar keine Rolle spielt, sondern es lediglich auf die nachträgliche Leistungsbewirkung aus freien Mitteln ankommt.

Als dritte Gruppe angeblicher gesetzlicher Schulden ohne Haftung führt Verf. an: Spiel und Wette (BGB. §§ 762, 764), einige Fälle von Börsentermingeschäften (BörsG. §§ 52—70) und Ehevermittlung (BGB. § 656). Allerdings hat ein reichsgerichtliches Urteil, welches Verf. anführt (RG. 56 S. 21), davon gesprochen, daß das Spiel kein nichtiges Geschäft sei; es hat aber daraus lediglich die Konsequenz gezogen, daß es erfüllbar sei, was im Gesetze selbst steht. Allein wie § 814 zeigt, ist Erfüllbarkeit, richtiger: Ausschluß der Kondiktion des Geleisteten, nicht synonym mit gültig oder mit „nicht nichtig". Das Gesetz läßt dagegen den Sprachgebrauch ersehen, daß „Verbindlichkeit" und „Leistungspflicht" synonym sind (vgl. BGB. §§ 241, 242 mit 257, 269 Abs. 2, 278, 280 Abs. 2, 339 ff., 360). Auch kann nur eine solche Leistungspflicht erfüllt werden. Darum hütet sich auch wohl § 762, von „Erfüllung" zu sprechen. „Das auf Grund des Spieles Geleistete bedeutet das, was aus dem Motive des stattgefundenen Spieles geleistet worden ist. Aus allen diesen Gründen folgt zwingend, daß das Gesetz von einem Leistungsbefehl aus dem Spiel nichts weiß und auch nichts davon, daß der freiwillig Leistende einer Ordnungsvorschrift Folge leistet.

Daß das nicht verbotene Börsentermingeschäft kein Nichts ist, sondern ein durch §§ 53—57 des BörsG. begrenzte Wirksamkeit hat, steht so klar in § 52 des BörsG., daß es nicht nötig war, zum Nachweis dessen auch noch das Reichsgericht zu zitieren (S. 104). Aber wenn wieder aus solchen Geschäften Schulden ohne Haftung abgeleitet werden, so ist damit um so weniger gewonnen, als ja Haftungen gerade aus solchen Geschäften entspringen können (S. 104, BörsG. §§ 54, 56). Einfacher liegt gewiß die Konstruktion, wenn man sagt:

Unter den Voraussetzungen des § 53 cit. wird durch das Termingeschäft ein regelmäßiges Schuldverhältnis begründet; unter denen des § 54 ein Schuldverhältnis mit beschränkter Haftung; auch wenn diese Voraussetzungen fehlen, wenn mithin gar keine Schuld durch das Termingeschäft begründet wird, ist doch die Kondiktion des freiwillig geleisteten ausgeschlossen; endlich wird der Schuldner aus einem unter den Voraussetzungen der §§ 53, 54 wirksamen Termingeschäft zum Zwecke der Aufrechnung und nur hiezu so behandelt, wie wenn aus anderen von ihm mit seinem Gläubiger geschlossenen Termingeschäften, nach denen dieser sein Schuldner werden sollte, er dies wirklich geworden wäre (§ 56 cit.).

Auch die Unterstellung des Ehemäklerlohnversprechens unter die Schulden ohne Haftung wird nicht auf überzeugendere Gründe gestützt, als die bisher angeführten.

Als vierte Gruppe haftungsloser Schulden erscheint die familienrechtliche Verpflichtung aus dem Verlöbnis. Demgegenüber kann ich trotz der in Literatur und Rechtsprechung überwiegenden Meinung nur an der von mir schon in der Deutschen Juristenzeitung entwickelten, neuerdings von Mathiaß gebilligten Ansicht festhalten, da zur Begründung der gegenteiligen Auffassung von den Gegnern in Wahrheit nichts beigebracht worden ist.

In die fünfte Gruppe stellt Verf. die Ausfallbeträge nach durchgeführter Beschränkung der Erbenhaftung und beim Zwangsvergleich im Konkurse. Es ist dem Verf. ganz selbstverständlich und nicht beweisbedürftig, daß hier Schulden ohne Haftung gegeben sind. Anders gerade über diese Fälle Buch in dem oben (Nr. 2) a. O. S. 60. In der Tat ist der Erbe, der die Haftungsbeschränkung erlangt hat, der Gemeinschuldner, soweit ihm Schuldnachlaß gewährt wurde, lediglich einredeberechtigt, wie der Schuldner des verjährten Anspruchs. Des Auseinanderhaltens von Schuld und Haftung bedarf es zum Verständnis dieser Sachlagen nicht.[1])

[1]) Am Schlusse der Erörterungen über die gesetzlichen Fälle von Schuld ohne Haftung (S. 124) sagt Verf.: „jeder Ansatz zur Haftung, wie er sich bei verjährten Forderungen im Fortbestehen der Pfänder z. B. findet, verbietet die Einordnung eines Rechtsverhältnisses unter diesen Begriff (i. e. Schuld ohne Haftung) durchaus. Wie dies zu der Charakterisierung der Fälle des

Als letzten Fall von Schuld ohne Haftung behandelt Verf. das Verhältnis des Scheckinhabers zum bezogenen Bankier, des Gläubigers zu seinem Schuldner, der einen von jenem auf ihn gezogenen Wechsel akzeptiert hat und des Gläubigers zu seinem auf Schuld angewiesenen Schuldner. Das Nähere über diese Fälle verweist jedoch Verf. in den noch nicht erschienenen 2. Band seines Werkes.

Von dem angeblichen Nachweis der Fälle haftungsloser Schulden im Gesetze geht Verf. (in § 7 S. 124—173) über zur Darstellung der sie angeblich beherrschenden Rechtsnormen.

Zuerst wird die Begründung solcher Schulden behandelt. Es lohnt wahrlich weder Zeit noch Mühe, mit dem Verf. sich in einen Disput über das bereits von mir (diese Zeitschrift Bd. 49 S. 508) und von Enneccerus, Lehrbuch (9.—11. A. S. 6 N. 2) gekennzeichnete Beispiel einzulassen: ein Darlehen mit der Erklärung des Gebers, daß er stets annehmen, aber niemals verlangen werde. Wer an derartige Spitzfindigkeiten Zeit verschwendet, verdient kaum mehr, ernst genommen zu werden.

In der Mehrzahl der Fälle werde, so fährt Verf. fort, die gesetzliche Schuld ohne Haftung durch Vertrag hergestellt. Deshalb müssen die Vertragsteile selbstverständlich geschäftsfähig sein und § 105 Abs. 2 BGB. gelte auch. Wer also z. B. in sinnloser Trunkenheit gespielt hat, könne seinen Spielverlust zurückfordern, weil kein Spiel im Rechtssinne stattgefunden habe.

Hier liegt zum mindesten eine ungenaue Ausdrucksweise vor, denn es wird nichts darüber gesagt, ob die „Spielschuld" in sinnloser Trunkenheit erfüllt worden ist. Wenn ja, so ist Rückforderung selbstverständlich begründet. Wenn aber in sinnloser Trunkenheit nur gespielt, dagegen mit Bewußtsein geleistet wurde, so ist die Rückforderung gerade so ausgeschlossen, wie

---

Ausfalls beim Zwangsvergleich und bei der beschränkten Erbenhaftung als Fällen von Schuld ohne Haftung stimmen soll, bleibt unaufgeklärt.

wenn mit Bewußtsein gespielt und geleistet worden wäre; denn entscheidend für den Ausschluß der Rückforderung ist im ersten Falle die Leistung trotz Kenntnis der Nichtschuld.

Ob zur Begründung haftungsloser Schulden ein Minderjähriger der Einwilligung seines gesetzlichen Vertreters bedürfe wird weitläufig erörtert (S. 127—136). Das muß man bei dem Verf. nachlesen. Er kommt zu dem Ergebnis: Haftungslose Schulden mit Mindestwirkungen, d. h. auf gut deutsch: Verträge ohne jede Rechtswirkung kann ein Minderjähriger ohne jene Einwilligung gültig abschließen. Sobald aber das Gesetz irgendwelche Wirkungen, die nicht bloß Nichtwirkungen sind, mit einer „haftungslosen Schuld" verbindet z. B. Ausschluß der Kondiktion, bedarf der Minderjährige der Einwilligung. Das erstere ist selbstverständlich, das letztere bedeutungslos; denn wenn der Minderjährige, der ohne Einwilligung gespielt hat, die Spielschuld erfüllen will, so bedarf er der Einwilligung nicht mehr und nicht weniger, als derjenige, der mit Einwilligung gespielt hat.

Das praktisch in den Augen des Verf. besonders bedeutsame Ergebnis seiner Meinung für das Verlöbnis eines Minderjährigen (S. 133) läßt sich ohne die Theorie der haftungslosen Schuld erreichen, wie ich schon in der Deutschen Juristenzeitung 1901 (S. 217 ff.) dargelegt habe.

Was über die Anwendung der Rechtssätze betreffend den Inhalt der Willenserklärungen (S. 136—138) und das Zustandekommen von Willenserklärungen auf haftungslose Schulden (S. 138) ausgeführt wird, kann als praktisch nicht bedeutsam übergangen werden. Gleiches gilt von dem über die Nichtigkeit, Bedingung, Termin, Vertretung, Vollmacht, Einwilligung, Genehmigung Gesagte (S. 139).

Die Anfechtbarkeit von Rechtsgeschäften, die nur haftungslose Schulden begründen, aus den gesetzlichen Anfechtungsgründen, hält Verf. für zweifellos. Fraglich ist ihm nur, ob das negative Interesse gegen den Anfechtenden geltend gemacht werden kann. Er verneint die Frage ebenso wie die Anwendbarkeit der §§ 179 und 307 auf derartige Rechtsgeschäfte. Ich sollte meinen, daß die Anfechtung beispielsweise eines Spielvertrages zu den denkbar überflüssigsten Akten gerechnet werden müßte. Denn das nach § 762 Geleistete könnte auch nach Anfechtung des Spielvertrags nicht kondiziert werden, oder man denke gar an die Anfechtung eines nach BGB. § 313 formwidrigen Vertrags! Er ist nach BGB. § 125 nichtig. Wird er z. B. wegen Irrtums angefochten, so wird er noch einmal nichtig, eine Konsequenz, der freilich Verf. dadurch entgehen würde, daß er behauptet, der Vertrag sei trotz § 125 nicht nichtig (vgl. oben S. 52).

Der Inhalt einer haftungslosen Schuld kann nach Annahme des Verf. „natürlich" ganz analog dem Inhalt einer Schuld mit Haftung beschaffen sein und daraus folgt, daß die dispositiven Rechtssätze und Auslegungsregeln, die sich darauf beziehen, auch auf haftungslose Schulden Anwendung finden; nur müsse immer sorgfältig beachtet werden, daß alle diejenigen Normen ausfallen, die sich allein auf die Haftung beziehen. Dies wären nach der Meinung derjenigen, die den Standpunkt des Verf. nicht teilen etwa alle Normen, in denen das rechtliche Interesse der Schuld besteht. Die Einrede aus § 320 freilich will Verf. doch dem Kunstmäzen gewähren, der einem Künstler Geld klagbar versprochen hat gegen das unklagbare Versprechen, ihm die auf seiner Studienreise hergestellten Gemälde abzuliefern — ein Vertrag, zu dessen Vorstellung eine mehr als gewöhnliche Einbildungskraft erforderlich ist — wenn der Künstler das Geld verlangt, die Bilder aber nicht herausgeben will. Denn die Einrede des § 320 habe nicht den Zwang zur Erfüllung, sondern die synallagmatische Natur der beiderseitigen Leistungen zum Grunde.

Sollte ein Vertrag wie der beschriebene in Wirklichkeit

vorkommen, so bedarf es natürlich zum Schutz des Mäzens nicht der Heranziehung des § 320; denn der Sinn der Vereinbarung ist einfach der, daß der Mäzen Geld verspricht unter der Bedingung der Lieferung gewisser Gemälde.

Muß einmal konstruiert sein, so läßt sich auch der Fall, daß der Kunde, der ein nach § 54 BörsG. für den Bankier verbindliches Termingeschäft geschlossen hat, auf Erfüllung klagt, der Bankier aber die Unzulänglichkeit der geleisteten Sicherheit einwendet, mit Hilfe Vertragsauslegung (Bedingung) befriedigend erledigen.

Wie wesenlos die Annahme eines Rücktrittsrechtes bei Verträgen sein würde, die nur Schuld ohne Haftung begründen würden, ergibt sich unmittelbar aus dem vom Verf. (S. 146) hierüber Bemerkten.

Über den Schuldnerverzug im Verhältnis zur haftungslosen Schuld äußert sich Verf. dahin, daß die aus dem Schuldnerverzuge entspringenden Rechte dem Gläubiger deshalb zur Verfügung stehen, weil die Schuld nicht erfüllt worden ist, daß sie demnach zweifellos begrifflich zur Haftung gehören. Es muß natürlich zugegeben werden, daß von Lieferungsverzug nur die Rede sein kann, wo eine Leistungspflicht besteht, wo aber solcher Verzug eintritt, da sind seine Rechtsfolgen keineswegs Haftungswirkung, sondern Modifikationen der nicht erfüllten Verpflichtung. Welchen irgend denkbaren Wert die Einverleibung der Verzugsfolgen unter die Haftungswirkungen haben soll, ist dem Ref. nicht verständlich.

Bezüglich der Möglichkeit eines Gläubigerverzuges bei haftungslosen Schulden kann ich auf das oben (S. 53) Dargelegte im allgemeinen verweisen. Hier möchte ich noch die Frage stellen, aus welchen Bestimmungen Verf. den Satz ableiten will, daß das Termingeschäft ohne Sicherheitsleistung für den Bankier verbindlich sei? Ist ihm aber Sicherheit geleistet und wird der Zahlung anbietende, vom Bankier abgewiesene Bote des Kunden auf dem Rückweg beraubt, so ist jenes Angebot *nicht* mit der Wirkung des § 300 Abs. 2 ausgestattet, wohl aber würde in Anwendung des § 162 Abs. 1 BGB. ein ähnliches Ergebnis erreicht werden. Der Bankier wäre nämlich zur Lieferung der Papiere verpflichtet unter der Bedingung, daß der Gegenwert geliefert wird; wenn er den Eintritt der Bedingung wider Treu und Glauben vereitelt, gilt sie als eingetreten; würde aber in der Nichtannahme kein Verstoß gegen Treu und Glauben liegen, so bestände für den Gefahrübergang auf den Bankier *kein* ausreichender Grund.

Ferner möchte ich betonen, daß da, wo der Verkäufer eines Grundstücks durch *formwidrigen* Vertrag *verkauft* und *deshalb* sich verpflichtet hat, vorher — d. h. wohl vor Auflassung und Eintragung — die auf dem Grundstücke befindlichen Baulichkeiten für den Hotelbetrieb einrichten zu lassen und die Betriebskonzession zu erwirken und dann der Käufer die Entgegennahme der Auflassung verweigert, der Anspruch des Verkäufers auf Ersatz der Vorbereitungskosten bereits aus dem Gesichtspunkte des *Auftrags* sich ergibt, § 669 ist anwendbar; kommt eine Heilung der Formwidrigkeit zustande, *wird* mithin der *Kaufvertrag* gültig, so wird dem Parteiwillen gemäß regelmäßig die Einrichtung zum Hotelbetrieb als Leistung des *Verkäufers* angesehen werden sollen.

Was es bedeuten soll, wenn Verf. (S. 154 Z. 13 ff. v. o.) im Hinblick auf § 110 BGB. von dem Minderjährigen sagt: „wie er ohne die mundschaftliche Zustimmung als Schuldner erfüllt, nimmt er auch ohne sie als Gläubiger an", vermag ich nicht zu erkennen; denn in § 110 cit. handelt es sich doch ausschließlich um *Bewirkung* der vertragsmäßigen Leistung *durch* den Minderjährigen.

Die *Unmöglichkeitslehre* kann für Schulden ohne Haftung im Sinne des Verf., m. E. überhaupt keine Rolle spielen; denn davon, daß die Schuld durch Unmöglichkeit der Leistung erlischt kann deshalb keine Rede sein, weil eine Schuld nicht bestanden hat.

Die Annahme, daß es möglich sei, eine Schuld ohne Haftung durch Aufrechnung zu erfüllen (S. 157) ist petitio principii; mit § 387 BGB., wonach Aufrechnung das Gegenüberstehen von Forderungsrechten voraussetzt, ist die Annahme nicht in Einklang zu bringen.

Die „Erfüllung" einer haftungslosen Schuld halte ich ganz im Gegensatze zum Verf. für einen praktisch sehr wichtigen Fall der anfechtbaren unentgeltlichen Verfügungen (vgl. mein Lehrbuch des Konkursrechtes S. 333).

Die Rückforderung des zur Deckung des Ausfalls im Zwangsvergleich freiwillig Gezahlten, ebenso wie des zur vollen Begleichung einer Nachlaßverbindlichkeit trotz beschränkter Haftung Geleisteten hält Verf. m. E. mit Recht für unzulässig; der Grund liegt m. E. darin, daß durch den Zwangsvergleich bzw. durch die Beschränkung der Erbenhaftung nur Einreden entstehen, der Anspruch aber nicht aufgehoben wird (vgl. oben S. 56 zu N. 1).

Den Schluß der Betrachtungen über die für Schulden ohne Haftung geltenden Rechtsnormen bildet die Frage nach der Art, wie diese Schulden Gegenstände des Rechtsverkehrs sein können.

Da der Verf. das „Anrecht ohne Deckung", d. i. die Schuld ohne Haftung, nicht für ein „Recht" im Sinne des § 413 BGB. hält (S. 164 Z. 2 v. o.), so hätte für ihn die Abtretbarkeit dieses „Anrechts" statt keinem, vielmehr den allergrößten Bedenken begegnen sollen. Seine Zitate in S. 164 N. 1 stimmen teilweise nicht; denn Oertmann, Schuldverhältnisse § 399 Anm. 15 existiert nicht. Crome, bürgerl. Recht Bd. II S. 324 aber ist unbehelflich, weil er nur behauptet, daß Forderungen aus unvollkommenen Schuldverhältnissen abtretbar seien, von welchen Forderungen er aber a. a. O. S. 14 sagt, daß sie nicht existieren. Auch die Schuldübernahme erklärt Verf. bei haftungslosen Schulden für möglich und ihre Vererblichkeit ist ihm außer Zweifel; in dieser erblickt er einen wesentlichen Fortschritt, zu dem die Lehre von Schuld und Haftung hinführt gegenüber dem Standpunkte der Rechtsprechung, welche die Vererblichkeit ablehnt; denn dieser Standpunkt schließe zweckwidrig die Heilung des formwidrigen Vertrags durch die Erben aus. Aber man bedenke doch, daß dem Erben des Verkäufers nichts im Wege steht, die Auflassung und Eintragung vorzunehmen und wenn der Käufer damit einverstanden ist, so haben wir nunmehr einen nach § 313 cit. geheilten Veräußerungsvertrag zwischen dem Erben und dem Käufer.

Vom Standpunkte des Ref. aus sind alle die geschilderten Sätze über die haftungslose Schuld nur Phantome, denen Verf. nachjagt. Man denke sie weg und es wird sich zeigen, daß keine Erscheinung des Rechtslebens um deswillen weniger verständlich wird, daß der bisherige Begriffsvorrat voll ausreicht, um sie alle zu kennzeichnen, daß es durchaus überflüssig und darum schädlich ist, mit dem Begriffe der reinen, haftungslosen Schuld im Gegenhalte zur Schuld *mit* Haftung zu operieren.

Der dritte und letzte, an Umfang den beiden ersten etwa gleiche Abschnitt behandelt „das Recht der Haftung aus Deckung", d. h. die Rechtsnormen über die Rechtsbehelfe, die dem Berechtigten deshalb zustehen, weil sein Anrecht nicht befriedigt wurden. Für den Berechtigten sind sie seine *Deckung*, vom Standpunkte seines Gegners konstituieren sie dessen *Haftung*.

Gegen von Tuhr, der Schuld und Haftung erst an der Schwelle der Vollstreckung scheidet, der m. a. W. vorher den Verpflichteten als Person *schulden* läßt und sein *Vermögen* haften läßt, sobald es zur Vollstreckung kommt, erhebt Verf. den Vorwurf eines Kapitalfehlers, der darin bestehe, daß der Gedankengang v. Tuhrs auf der zufälligen Erscheinung des jetzigen deutschen Reichsrechts aufgebaut sei, wonach wir heute im allgemeinen wegen einer Vermögensschuld nicht mehr gegen die Person vollstrecken. Dieser Vorwurf scheint mir ungerechtfertigt. Denn v. Tuhr hat sich die Aufgabe gestellt, das bürgerliche Reichsrecht zu bearbeiten, also ein positives Recht, nicht aber „logische und rechtspolitische Notwendigkeiten jeden Privatrechts überhaupt“, außerdem würde der v. Tuhrsche Gedankengang, selbst wenn wieder einmal Personalexekution zulässig werden sollte, sich unschwer dieser geänderten Sachlage anpassen können. Auch dann wäre nämlich Objekt der Schuld die Leistung und zwar die freiwillige Leistung des Schuldners, Objekt der Haftung aber das Vermögen bzw. die leibliche Persönlichkeit des Schuldners.

Von der Haftung selbst hebt der Verf. die „Vorstadien der Haftung“ ab, worunter er jene Rechtssätze begreift, welche dem Berechtigten für den Fall der Nichtbefriedigung die Durchführung seiner Deckungsbefugnisse garantieren, z. B. Klage auf künftige Leistung, Pfandrechtsbefugnisse vor Eintritt der Pfandreife, Selbsthilferecht (S. 180 f.).

Die Haftung ohne Schuld ist dem Verf. zwar undenkbar, allein Schuld ist hier im weiteren Sinne = Anrecht (vgl. oben S. 22) verstanden.

Die Haftung scheidet Verf. in Personenhaftung und Sachhaftung (S. 189 f.); er hebt hervor, daß „jede Haftung, die zur Befriedigung in Geld führen soll, in einem gewissen Stadium ihrer Verwirklichung als Sachhaftung auftreten muß“ (S. 191).

Eine längere Untersuchung widmet Verf. der Frage, ob die Gläubigeranfechtung, die er als eine Wirkung schuldrechtlicher Deckung bezeichnet (S. 193), außerhalb des Konkurses auch den Realgläubigern zustehe. Er verneint im Gegensatze zur herrschenden Meinung diese Frage und darin wird ihm beizupflichten sein. Die treffende Begründung ist S. 194 ff. zu vergleichen.

An die Betrachtungen über die Begriffe Haftung und Deckung schließt sich eine Übersicht über die im positiven Rechte der Haftung zugehörenden Normen. Er unterscheidet danach: I. Vorstadien der Haftung (s. oben S. 64 Z. 12 ff. v. o.). II. Haftung im engeren Sinne: 1. Schuldverhältnisse kraft Haftung, wohin er alle Schadensersatzpflichten wegen Nichtbefriedigung oder unzureichender Befriedigung eines Anrechts zählt z. B. wegen Verzugs, verschuldeter Unmöglichkeit, Mängeln beim Kauf. 2. Sachherrschaften kraft Haftung: Zurückbehaltungsrecht, Verkaufsbefugnisse der Faustpfandgläubiger. 3. Die Befriedigungsbefugnisse der Realgläubiger an Grundstücken und Schiffen, sowie der Schiffsgläubiger nach Seerecht mit Hilfe des Vollstreckungsgerichts. 4. Feststellungsklagen. 5. Klagen auf gegenwärtige Leistung. 6. Gestaltungsklagen. 7. Zwangsvollstreckungen und Konkurs. III. Hilfsnormen der Haftung: die Gläubigeranfechtung. Dieser übersicht folgt (in § 9 S. 204—354) die Darstellung der Haftungsarten und der Haftungsgrade, d. h. I. der Personenhaftung; II. der abgeschwächten Haftungen; III. der Sachhaftungen.

Innerhalb der Personenhaftung findet sich als strengste Form nach der Auffassung der Verf. die Haftung mit dem Leibe. Fälle aus dem Reichsrechte sind ihm: Gewaltsame Zuführung des Schiffsmanns in den Dienst nach SeemO. § 33, die Beugungshaft nach ZPO. § 888 Abs. 2 und §§ 901 ff., der Personalarrest nach ZPO. §§ 918—933, das Selbsthilferecht der §§ 229 ff. BGB., das Nacheilerecht und das Entsetzungsrecht nach § 859 BGB., ein Fall des Partikularrechts sei die Privatpfändung.

Hier möchte ich vor allem die Heranziehung des § 33 SeemO. beanstanden. Dieses Gesetz erachtet den Dienstantritt des angemusterten Schiffsmanns nicht mehr als eine Privatangelegenheit, sondern als eine solche von öffentlichem Interesse; es gewährt daher dem Kapitän polizeilichen Schutz auf Antrag. Daß die Notwendigkeit des Antrags besteht, kann für die privatrechtliche Natur des Zwanges nicht entscheidend sein. Gibt es doch strafrechtliche Antragsdelikte!

Die anderen angeführten Fälle lassen sich als Fälle der Haftung natürlich nur dann auffassen, wenn man mit dem Verf. Haftung nennt nicht bloß das Einstehenmüssen für ein Leistensollen, sondern auch den Zwang zur Bewirkung der Leistung selbst.

Jedenfalls gibt Verf. zu, daß die Haftung mit dem Leibe nur als Ausnahme in Betracht kommen kann. Die normale Form der schuldrechtlichen Haftung ist auch nach ihm die Haftung mit dem Vermögen und zwar mit dem ganzen Vermögen, soweit es der Zwangsvollstreckung unterliegt.

Die dieser Vermögenshaftung am nächsten stehende sei die rechnerisch beschränkte Haftung, d. h. die Haftung, welche hinter dem Betrag der Schuld zurückbleibt, so daß die letztere zu einem Teile Schuld ohne Haftung ist. Ein derartiges Gebilde kann es natürlich nach der vom Ref. vertretenen Meinung überhaupt nicht geben. Verf. aber glaubt sein Vorkommen im Gesetze nachweisen zu können. Wenn nämlich gemäß § 2060 N. 1 Miterben nur anteilmäßig haften, so teile sich unter ihnen nicht etwa das Schuldverhältnis, dieses bleibe bestehen als Gesamtschuld gemäß § 2058, sondern es teile sich nur die Haftung, d. h. jeder sei pro parte quota haftbar und aufs Ganze Gesamtschuldner. Zwar sage das Gesetz nichts Ausdrückliches hierüber; allein die Situation bei unteilbarer Nachlaßverbindlichkeit dränge zu diesem Schlusse (S. 213f.). Man unterstelle das Vermächtnis einer Taschenuhr im Werte von 300 M. zu Lasten der drei zu gleichen Erbteilen berufenen Erben und Zuweisung der Uhr bei der Erbteilung an den Erben A. Wenn dieser zur Leistung der Uhr bereit ist, so könnte der Bedachte die Leistung zurückweisen und statt deren Zahlung von 100 M. verlangen, sofern man die Schuld als geteilt betrachten würde; folglich müsse man die Haftung als geteilt annehmen, die Gesamtschuld fortbestehen lassen. Freilich berufe man sich auf BGB. § 431, um dem unbefriedigenden Ergebnisse zu entgehen. Das gehe aber deshalb nicht an, weil §§ 2060, 2061 die anteilige Haftung für alle Nachlaßschulden einführten. Da jedoch das Gesetz von einem dem Erbteil entsprechenden Teil einer Nachlaßverbindlichkeit spricht, so meint es selbstverständlich nur eine teilbare; von einer unteilbaren gibt es keinen Teil.

Unter der Haftung mit einem Sondervermögen (S. 224 ff.) versteht Verf. wohl richtig nur die Fälle, wo kraft Gesetzes der Gläubiger auf den Zugriff in das Sondervermögen eingeschränkt ist, nicht auch jene, wo der Schuldner eine derartige Einschränkung durch Einrede herbeiführen kann wie nach BGB. §§ 1973, 1974, 1990 ff., 1480. Als Haftung mit Sondervermögen läßt Verf. gleichfalls mit Recht nicht gelten die Haftung des Gesamtguts der Ehegatten bzw. die der Vorbehaltsgüter, weil das Subjekt beider Vermögen hier nicht identisch ist.

Die Fälle der Einreden sind abgeschwächte Haftungen.

Die dilatorischen Einreden gegen einen Anspruch schließen nach Ansicht des Verf. weder die Fälligkeit aus, noch schlechthin den Leistungsverzug (S. 235 ff.). Ob dieser eintritt, hänge von selbständigen rechtspolitischen Erwägungen ab; er trete z. B. ein trotz der aufschiebenden Einreden des Erben, während er bei anderen aufschiebenden Einreden ausgeschlossen sei.

Das alles kann man dem Verf. zugeben, ohne doch einsehen zu müssen, daß hiefür der Gesichtspunkt von Schuld und Haftung entscheidend sei, wie Verf. (S. 243) meint.

Um in den Fällen der die Haftung auf ein Sondervermögen beschränkenden Einrede zu zeigen, daß die herrschende Meinung, die bei begründeter Einrede Klagabweisung verlangt, auf falschem Wege sei, bringt Verf. folgendes Beispiel: „Man stelle sich vor, eine Ehefrau würde aus einer Vorbehaltsgutsschuld verklagt. Wird man den Gläubiger abweisen wollen, wenn sie nachweist, daß kein pfändbares Vorbehaltsgut da ist? Niemand wird auf einen solchen Gedanken kommen! Einen anderen Unterschied zwischen beiden Fällen kann ich aber nicht sehen, als den, daß hier eine Haftung mit Sondervermögen kraft Haftungsbeschränkung, dort eine solche kraft Einrede vorliegt."

Dieses Beispiel ist völlig verfehlt! Denn die Vorbehaltsgutsschuld, recte Vollschuld, der Frau ist keineswegs eine Schuld mit Beschränkung der Haftung auf das Vorbehaltsgut. Die Frau als Schuldnerin muß sich die Vollstreckung auch in ihr eingebrachtes Gut gefallen lassen; ein Widerspruchsrecht stünde nur dem Manne zu.

Unter den peremtorischen Einreden wird vom Verf. die Verjährungseinrede vorangestellt (S. 254 ff.). Nach Ansicht des Verf. ist es ein viel präziserer Ausdruck, von Verjährung der „Deckungen" anstatt von der der Ansprüche zu sprechen. Aus § 223 Abs. 3 BGB. entnimmt der Verf., daß ausnahmsweise nicht bloß schuldrechtliche, sondern auch sachenrechtliche Deckungen der Verjährung unterliegen und aus HGB. §§ 901 ff., BinnenSchG. §§ 117 f., daß sich diese Ausnahmen erweitern. Aber wenn von Verjährung sachenrechtlicher Deckungen gesprochen wird, so ist doch nichts anderes gemeint, als Verjährung von Ansprüchen aus Sachenrechten auf Realisierung dieser Rechte z. B. aus Pfandrechten auf Befriedigung aus dem Pfande und zu dieser Erkenntnis bedarf es wiederum nicht des Gesichtspunktes von Schuld und Haftung.

Bei Besprechung der verkümmerten Haftungen: Ausschluß der (direkten) Zwangsvollstreckung und zeitweise Versagung der Klage (ZPO. §§ 888 Abs. 2 — BGB. §§ 1394, 1001) glaubt Verf. (S. 264) den Ausführungen v. Tuhrs über die Unzulässigkeit der Aufrechnung einer Ehefrau gegen eine Forderung des Ehemannes mit der unklagbaren Gegenforderung aus der Verwaltung des Eingebrachten vollkommen widersprechen zu müssen; in Wahrheit gelangt er aber zu einer Aufrechnung, die keine ist (S. 265).

Die Bestimmung des § 1001 bringt Verf. bei den Fällen verkümmerter Haftung unter, weil die schuldrechtliche Haftung wegen Verwendungen zeitweise suspendiert wird (S. 267—271).

Die Definition der Sachhaftung, zu der nun Verf. übergeht, gibt er so (S. 276 f.): Sachhaftung sind diejenigen Normen der Haftung und ihrer Vorstadien, die dem Deckungsberechtigten Befugnisse verleihen lediglich in bezug auf bestimmte Objekte, nicht gegen bestimmte Personen.

Die Arten der Sachhaftung sind: Akzessorische Sachhaftung, reine Sachhaftung, Behaltungsrechte.

Unter den akzessorischen Sachhaftungen wird zuerst das Pfandrecht hervorgehoben (S. 278). Es wird zugegeben, daß für seine Behandlung die Lehre von Schuld und Haftung kein wesentlich neues Material liefert, sondern nur eine „recht brauchbare Anschauungsform", nämlich die: „der Pfandgläubiger hat nur ein Anrecht, das inhaltlich durch seine Forderung bestimmt ist; wegen dieses Anrechts aber zwei Deckungen, nämlich die schuldrechtliche gegen den Schuldner und die sachenrechtliche am Pfandobjekt".

Bei dieser Auffassung des Pfandrechts glaubt Verf. für das Pfandrecht an eigener Sache zu befriedigenderer Konstruktion zu gelangen als wenn man das Erlöschen des Pfandrechts durch Konfusion für eine Folge aus dem Begriff des Pfandrechts ansieht (S. 282—287).

Eine eingehende Erörterung findet das Pfandrecht an Rechten, insbesondere an Forderungen (S. 287—300), deren Einzelheiten hier nicht verfolgt werden können. Das Resümee des Verf., wonach es ihm scheint, daß die praktischen Resultate, welche seine Untersuchung des Pfandrechts auf Grund der Lehre von Schuld und Haftung zeitige, auf anderem Wege nicht oder doch nicht so unmittelbar erreichbar seien, vermag ich

— ganz davon abgesehen, ob alle seine Resultate beifallswert sind — nicht zu akzeptieren.

Als zweite Form der akzessorischen Haftung wird im Anschluß an das Pfandrecht das kaufmännische Zurückbehaltungsrecht behandelt, seine Ähnlichkeit mit jenem und seine Verschiedenheit von ihm klar auseinandergesetzt (S. 300ff.). Dieses Zurückbehaltungsrecht sei zwar ein Institut der Sachhaftung, aber kein Sachenrecht. Als Sachhaftung ist es aber ein doppeltes: einmal Befriedigungsrecht und als solches gehört es in den Zusammenhang des Pfandrechtes; sodann bloßes Behaltungsrecht und als solches wird es noch einmal am Schlusse der Lehre von den Sachhaftungen (vgl. vorige Seite) erwähnt sein.

Die dritte Form akzessorischer Haftung — Hypothek — bespricht der Verf. in der Weise, daß er vorerst die grundsätzliche Verschiedenheit der Hypothek vom Fahrnispfandrecht aufzeigt und darlegt, daß die begriffliche Erfassung der Hypothek von dem Begriff und Wesen der Grundschuld ausgehen muß (S. 309ff.). Von hier aus präzisiert er die Akzessorität der Hypothek dahin, daß sie jedenfalls eine solche von ganz anderer Art, als die des Fahrnispfandrechts wäre, wenn überhaupt von ihr gesprochen werden kann, also nicht etwa bloß eine geringere Akzessorität. In alle dem kann man zustimmen.

Wenn aber weiter der Verf. sich bemüht, die Meinung zu widerlegen, die das Vorhandensein einer Schuld für das Anrecht des Grundschuldgläubigers erfordert (S. 313ff.), so halte ich ein Verweilen hierbei nicht für geboten, denn die Grundschuld erklärt sich zur Genüge als dingliches Verwertungsrecht und ich darf in dieser Beziehung auf meine Darlegung in Band 49 dieser Zeitschrift S. 506f. verweisen.

Von dem, was Verf. über die Verkehrshypothek ausführt, möchte ich der Billigung widersprechen, die er der Wolffschen Meinung zollt, daß der gutgläubige Hypothekerwerber nach BGB. § 1138 keine Hypothek, sondern eine Grundschuld erwirbt;[5]) die Frage Wolffs a. a. O., welcher Satz des Hypothekenrechts soll denn für die forderungslose Hypothek gelten? ließe sich beispielsweise dahin beantworten, daß der nach § 1138 als persönlicher Schuldner zu behandelnde Dritte, wenn er den Gläubiger befriedigt, nach § 1164 die Hypothek erwirbt; die Grundschuld würde eine Anwendung des § 1164 nicht dulden.

Bezüglich der Gesamthypothek möchte ich nur darauf hinweisen, daß Verf., der im Falle des § 1173 Abs. 2 BGB. niemals eine Hypothek für die Ersatzforderung annehmen zu dürfen glaubt, sich mit der entgegengesetzten Begründung der reichsgerichtlichen Entscheidung in RG. 81 S. 71 ff. überhaupt nicht auseinanderzusetzen versucht hat.

Unter den reinen Sachhaftungen wird noch einmal der Grundschuld gedacht. Dann führt Verf. die Haftung der nach dem BörsenG. § 54 gestellten Sicherheit an. Hier bestehe zwar ein Anrecht des Bankiers aus dem Terminsgeschäft, aber keine Schuldpflicht. Für das Anrecht hafte die Sicherheit. M. E. besteht allerdings eine Schuldpflicht; denn sonst könnte kein Pfandrecht bestehen; ein solches besteht aber gemäß BGB. §§ 232 Nr. 1, 233; BörsG. § 54 Abs. 2 ohne allen Zweifel. Inhalt der Schuldpflicht ist: Erfüllung des Geschäfts. Nichterfüllung berechtigt aber nicht zum Angriff des Vermögens des Schuldners, sondern nur zum Angriff der geleisteten Sicherheit. Schuldner ist der die Sicherheit Leistende. Seine Verurteilung hatte zu lauten: er sei schuldig zu erfüllen bei Meidung des Pfandverkaufs.

Reine Sachhaftungen sind dem Verf. auch die Reallasten; auch hier genügt uns die Kategorie des dinglichen Verwertungsrechtes.

An letzter Stelle der reinen Sachhaftungen erscheinen[6]) die Schiffsgläubigerschaften. In ihrer Auffassung stimme ich völlig dem Verf. zu, wenn er sie als Anrecht des Gläubigers

[6]) Übrigens ist S. 320 N. 1 das Zitat von Wolf, Sachenrecht S. 484 f. zu korrigieren in S. 466 N. 1 a.

mit Schuldpflicht des Reeders erklärt, gesichert durch sachenrechtliche, eventuell auch schuldrechtliche Deckung, nur daß ich statt Anrecht setze: Forderungsrecht und statt „sachenrechtliche Deckung: Sachhaftung eventuell auch persönliche Haftung", um im landläufigen Sprachgebrauche zu verharren.

2. Die Haftungen der Ladungsgüter in den Fällen der großen Haverei, der Bodmerei, der Bergung und Hilfeleistung, die ähnlich konstruiert wird (S. 346 f.).

Sehr beachtenswert sind die Ausführungen über die dritte Form der Sachhaftungen, die Behaltungsrechte (S. 348 ff.). Verf. begründet sehr gut die Meinung, daß das Zurückbehaltungsrecht des § 273 BGB., wenn es einmal ausgeübt worden war, auch im Konkurs des Gegners wirksam bleibt und daß das gleiche von dem Zurückbehaltungsrechte nach BGB. § 1001 und nach HGB. § 369 gilt.

In einem Schlußparagraphen (§ 10) bespricht Verf. noch kurz die Schuldverhältnisse kraft Haftung (vgl. oben S. 65 Nr. II 1).

Da der Verf., wie gezeigt, seinen Haftungsbegriff soweit gefaßt hat, daß er darunter alle Rechtsfolgen versteht, die deshalb eintreten, weil ein Anrecht nicht befriedigt worden ist, so ist ohne weiteres klar, daß gewisse Schuldverhältnisse solche kraft Haftung von ihm genannt werden können.

Für die allgemeine dogmatische Erkenntnis ist dadurch natürlich gar nichts gewonnen.

Ich scheide hier von dem Buche Schreibers mit sehr gemischten Empfindungen. Es wäre ungerecht, nicht zuzugestehen, daß viel Scharfsinn entwickelt worden ist; aber zu meinem Bedauern kann ich nicht sagen: mit Erfolg; dieser muß ausbleiben, wo der Scharfsinn sich in den Dienst des Wortes stellt. Darum kann ich auch nicht mit der Hoffnung scheiden, daß der in Aussicht gestellte zweite Band fruchtbarer werden wird.

Hellmann.

IV.

Strafrecht.

1. Lohmann, Dr. Max, Die Kompensation bei Retorsion gegen Beleidigungen durch Mitglieder deutscher Parlamente. IX u. 60 S. Breslau 1913, Schlettersche Buchhandlung. [Strafrechtl. Abhandl. Heft 170].[1]) 1.90 Mk.

Die von Bergbohm und Heimberger in Bonn zum Druck empfohlene Dissertation hat die Frage zum Gegenstand, ob im Falle der Retorsion gegen Beleidigungen durch Mitglieder deutscher Parlamente das richterliche Kompensationsrecht nach § 199 StGB. anwendbar oder durch die Bestimmungen über die Redefreiheit der Abgeordneten (Art. 30 RV., § 11 StGB.) ausgeschlossen sei. Nach eingehenden und überzeugenden straf- und staatsrechtlichen Erörterungen mit rechtsgeschichtlichen und rechtsvergleichenden Ausblicken gelangt Verf. entgegen dem Reichsgerichtsurteile vom 5. März 1881 (RGSt. IV S. 14, Rechtspr. III S. 107) zu dem auch sonst in der Literatur vielfach gebilligten Ergebnisse, daß im vorwürfigen Fall — abgesehen von dem Schutze des § 193 StGB. für den Beleidiger des Abgeordneten — Kompensation zulässig sei, da

1. Retorsion i. e. S. des § 199 StGB. vorliege,

2. die Qualifikation der Äußerung eines Abgeordneten als Beleidigung nicht dessen „Zurverantwortungziehen" enthalte und

3. die Straffreierklärung des Retorquenten nicht die Auferlegung eines, wenn auch nur indirekten, Rechtsnachteils für den Abgeordneten bedeute (S. 60).

Nach dem häufigen und berechtigten Widerspruche, den das Reichsgericht gefunden, wäre es angezeigt, wenn es seine Auffassung und ihre Begründung bei nächstem Anlasse revidieren

---

[1]) Vgl. Feisenberger in ZStW. XXXV S. 780 f., Weiser in Österreich. Zeitschr. f. Strafr. V S. 343 f.

würde. Doch ist die Gelegenheit hierzu anscheinend selten und das Problem kaum von großer praktischer Bedeutung.

München, Oktober 1914. Dr. Doerr.

2. Stooß, Dr. Karl, Professor der Rechte in Wien, Lehrbuch des österreichischen Strafrechts. 2. umgearbeitete Auflage. 2. Hälfte. Bes. Teil. 314 S. Wien und Leipzig 1913, Franz Deuticke.

Die Vorzüge des Stooßschen Lehrbuchs, welche bei Besprechung der ersten Hälfte hervorgehoben wurden, finden sich auch bei der vorliegenden zweiten Hälfte. Wir haben das Muster eines präzisen, leicht faßlichen Lehrbuchs vor uns, das uns zugleich durch packende Frische und durch eine große Anzahl selbständiger neuer Gedanken erfreut. Die Darstellung wirkt vielfach auch durch originelle Beispiele anregend. Im besonderen Teil würden wir ihre weitere Vermehrung noch lange nicht als ein Übermaß erachten. Denn gerade hier sind sie etwas spärlicher verstreut.

Bei zahlreichen Delikten konstatieren wir eine sehr verdienstliche Berücksichtigung der geschichtlichen Entwickelung. Wir vermissen sie etwas bei den Lehren über Beleidigung, über Diebstahl, Unterschlagung, Raub und Hehlerei, freuen uns dagegen, sie u. a. eingehend zu besitzen für Wucher, Betrug und Urkundenfälschung. Die Gesetzgebungsfrage wird nur ausnahmsweise berührt (z. B. S. 462). Hierdurch unterscheidet sich das Lehrbuch von Stooß von dem Fingerschen Handbuch des österreichischen Strafrechts (3. Aufl. 1914), das umgekehrt die Geschichte ganz beiseite läßt, dagegen der Reform, insbesondere der österreichischen Entwürfe regelmäßig gedenkt. Didaktisch ist die geschichtliche Einführung von höchstem Wert. Sie schärft den Blick für die entscheidenden Merkmale eines Tatbestandes im Wandel der Zeiten sowie für Irrwege, die man als solche leichter erkennen lernt. Den fast völligen Verzicht auf einen Ausblick in die Zukunft nach Maßgabe vorliegender Reformwerke halten wir nicht für das Beste. Es unterliegt keinem Zweifel, daß ein Mann, der wie Stooß bereits seit Jahrzehnten bei der Reformarbeit hervorragend beteiligt ist, auch bei diesem Anlaß ungemein befruchtend wirken könnte.

Die Systematik ist bei verschiedenen Materien gegenüber der ersten Auflage durch Umstellungen verbessert worden. Manches könnte da vielleicht auch weiterhin noch geschehen. So erscheint es uns systematisch richtiger, mit dem Fingerschen Handbuch die Körperbeschädigung nicht mit der schweren Körperverletzung zu beginnen sondern mit der leichten, während Stooß den umgekehrten Weg einschlägt. Dagegen hat Stooß wohl mit Recht trotz mehrfach erhobener Bedenken den Hausfriedensbruch und die Verletzung von Geheimnissen unter den Freiheitsdelikten eingereiht. Wer etwa den Ausdruck Angriff auf den Privatfrieden für das erstere Delikt, den Ausdruck Angriff auf die Freiheit von psychischen Störungen für das letztere Delikt vorzieht, sollte deswegen die Zugehörigkeit zu den Freiheitsdelikten für die beiden Kategorien nicht aufgeben.

Die bei Stooß erfolgte Zuteilung der gewaltsamen Störung des ruhigen Besitzes von Grund und Boden unter die Angriffe auf das Vermögen erscheint uns bedenklich. Das Delikt gehört zusammen mit Hausfriedensbruch zu den Verbrechen gegen die Freiheit bzw. zu den Verbrechen gegen den Privatfrieden.

Die Urkundenfälschung rechnet Stooß zu den Vermögensdelikten. Dies kann für das österreichische Recht vertreten werden, weil es die Absicht einer Schadenszufügung verlangt und man im Sinne des Gesetzes dabei unter Schaden einen vermögensrechtlichen zu verstehen hat. Die Zuweisung zu den Verbrechen gegen die Echtheit von Beweismitteln ist trotzdem wohl charakteristischer. De lege ferenda hat der deutsche Vorentwurf die Stooßsche Ansicht vertreten, der Kommissionsentwurf hat sie dagegen abgelehnt. — Auch bei der sonstigen

Einteilung des Stooßschen Abschnitts: „Angriffe auf das Vermögen" stimmt etwas nicht ganz. Er zerfällt nämlich in drei Unterabschnitte: I. Angriffe auf Sachen, II. Angriffe auf Forderungsrechte, III. Angriffe auf das Vermögen. Da der Unterbegriff nicht identisch sein kann mit dem Oberbegriff, wird wohl ein Versehen vorliegen. —

Bei der Lehre von der Urkundenfälschung setzt der Verfasser mit treffenden Worten auseinander, daß man den nach Angriffsobjekten gruppierten Deliktsgattungen keine Deliktsgruppe koordinieren darf, die man durch das Mittel des Angriffs kennzeichnet (z. B. gemeingefährliche Delikte). Er bemerkt (S. 391) gegen v. Liszt's abweichende Auffassung: „Bezweckt das Strafrecht Strafschutz, so richtet sich jede strafbare Handlung gegen einen strafrechtlich geschützten Gegenstand, um dessen willen die staatliche Strafgewalt begründet wird." Die gemeingefährlichen Delikte erscheinen demgemäß bei Stooß als Angriff gegen das gemeine Wohl, und sind teils Angriffe gegen die gemeine Sicherheit, teils solche auf die gemeine Gesundheit, auf den telegraphischen Nachrichtenverkehr usw. Der Ausdruck „gemeines Wohl" ist allerdings zu weit umfassend. Stooß bringt auch die Religionsstörung, den Bettel, die Landstreicherei in diesen Zusammenhang. Damit geht manche zur Charakterisierung dienliche Eigenheit jener Delikte in dem sehr dehnbaren Begriff des gemeinen Wohles unter.

Bei der Behandlung der einzelnen Delikte beobachten wir häufig eine Meisterschaft in der Heraushebung des Wichtigsten durch einige gewandte Pinselstriche. Ermüdend wirkt Stooß nie. Dies ist auch von den mehrfach vorkommenden synoptischen Darstellungen älterer und neuerer Regelung einer Materie in getrennten Kolonnen anzuerkennen, obwohl man über ihre Zweckmäßigkeit geteilter Ansicht sein kann. Sie sind in Lehrbüchern fast ausnahmslos vermieden, obwohl gerade in Zeiten einer großen Gesetzesänderung der Kenner der Materie eine

Lockung dazu verspürt. Die Verarbeitung des Stoffes durch den Lehrer und die Hervorhebung der Abweichungen hält aber den Lernenden weniger auf und prägt wohl auch fester den gegenwärtigen Bestand ein. Für die Rechtsvergleichung des Forschers dagegen ist der Abdruck von Parallelstellen allerdings oft von großem Nutzen. Die frühere bedingungslose Billigung der erwähnten Stooßschen Technik können wir auf Grund von Anfragen in Leserkreisen nicht aufrecht erhalten. Jedenfalls glauben wir, daß es ein Zuviel ist, wenn sie bei der gemeingefährlichen Eigentumsbeschädigung 4 Seiten einnimmt (S. 409—412).

Die Literaturangaben halten ihrer Menge nach das für Lehrbuchszwecke wünschenswerte Maß ein. Fraglich erscheint, ob die Auswahl und Verteilung überall gleichmäßig getroffen ist. Bei der Lehre von den Urkundendelikten ist nur eine Schrift österreichischen Ursprungs zitiert, bei anderen Delikten, z. B. der Erpressung, der Herbeiführung einer gemeinen Gefahr wird auch der deutschen Literatur gedacht.

Die Terminologie des österreichischen Rechts weicht mehrfach von der des deutschen Rechts ab. Boshaft ist z. B. in der Regel gleich vorsätzlich, was Stooß S. 415, 419 treffend hervorhebt. Auch Mutwillen wird anders ausgelegt als im neueren deutschen Recht, nämlich als Handeln ohne Einsicht der damit verbundenen Gefahr (vgl. Finger 2, 655). Vielleicht wäre es nützlich, wenn Stooß S. 415 auch zu diesem Begriff eine erläuternde Bemerkung geben wollte. —

Aus der Darstellung der verschiedenen Tatbestände sei unter Weglassung von Einzelheiten nur folgendes hervorgehoben: Bei der Lehre von der Beleidigung (S. 327 f.) ist die Erörterung des Wesens dieses Delikts etwas knapp ausgefallen. Die wichtigsten Ansichten darüber, was man unter der Ehre als dem Angriffsobjekt der Beleidigung verstehen kann, verdienen eine kurze Besprechung. — Stooß teilt die Beleidigungen ein in Angriffe auf den guten Ruf und auf das Ehrgefühl. Die letztere

Charakterisierung des Gegensatzes führt zu bedenklichen Konsequenzen. Denn Personen ohne Ehrgefühl sind danach untaugliche Objekte; Beleidigungen, die das Ehrgefühl eines anderen nicht erreichen können, enthalten dann untaugliche Angriffsmittel. — Zu der für das österreichische Recht vielfach erörterten Frage der Beleidigungsfähigkeit von Kindern würden wir gerne Stooß' Stellungnahme erfahren.

Bei der Lehre von der Veruntreuung (S. 359) hielten wir eine nähere Erörterung des Zueignungsbegriffs im Hinblick auf seine große praktische Bedeutung für zweckmäßig, insbesondere ein Eingehen auf die Frage, ob man mit Graf Gleispach und mit Frank die Aneignung bloß des wirtschaftlichen Werts einer Sache mit zur Zueignung rechnen darf. Wir glauben, daß die Frage auch für das österreichische Recht zu bejahen ist.

Nicht zutreffend erscheint die Bekämpfung der Bindingschen Lehre[1]) von der Urkundenfälschung als einem Verbrechen gegen den Beweis mit Beweismitteln. Stooß (S. 391) nimmt im Gegensatz hierzu an, Gegenstand des Strafschutzes seien die Rechte, die durch die Urkunde beurkundet werden. Das ist nur richtig, wenn man dabei ein konkretes Schutzobjekt denkt, dagegen nicht, wenn man das gesetzgeberische Schutzobjekt als solches bezeichnen will. Denn man kann doch nicht sagen, die Fälschung eines Testaments sei ein Delikt gegen das Erbrecht, die Fälschung einer Verehelichungsurkunde ein Delikt gegen die Ehe, die Fälschung einer Quittung für eine unbezahlte Rechnung ein Vermögensdelikt usw. Vielmehr haben alle diese Fälschungen ein gemeinsames Angriffsobjekt: die Echtheit der Beweismittel. Früher sprach man statt dessen von Treu und Glauben im Verkehr.

Den Begriff der Gemeingefahr erstreckt Stooß de lege lata wohl zu weit, wenn er S. 418 auch den Fall der Herbei-

[1]) Binding, Lehrbuch², Bd. 2, S. 115 f.

führung einer Gefahr für Leben, Gesundheit, körperliche Sicherheit von Menschen dazu rechnet. Auch § 87 des österr. StGB. nötigt nicht dazu, eine so weite Ausdehnung der gemeingefährlichen Delikte anzunehmen. Eine Gemeingefahr muß mehr als nur einzelne wenige Individuen (oder sonstige Angriffsobjekte) bedrohen.

Die berührten Beanstandungen treten völlig in den Hintergrund, wenn man das Stooßsche Werk als Ganzes überschaut. Viele Delikte sind glänzend aus gesetzlichen Bestimmungen herausgearbeitet, deren teilweise altertümlicher Wortlaut für sich allein unverständlich wäre. Dies gilt z. B. für die umfassende Materie der Tötungs- und Körperverletzungsdelikte, ebenso für Diebstahl und Betrug. Stooß hatte vermöge seiner einzigartigen Beherrschung der vielen schweizerischen Kantonalrechte und der Pate stehenden nachbarlichen Rechte seinen Blick für die Eigentümlichkeit und die Wirkung der einzelnen Rechtsregeln außerordentlich geschärft. Infolgedessen vermochte er oft auf Zusammenhänge aufmerksam zu machen, die bisher wenig beachtet waren, und neue Streiflichter auf die einzelnen österreichischen Delikte zu werfen, die ihre teilweisen Eigentümlichkeiten schärfer hervortreten lassen. Beispiele hierfür bieten außer den eben genannten Delikten der Wucher, die Erpressung und die Urheberrechtsverletzung. Man darf die Rechtswissenschaft ohne Beschränkung auf Österreich zu der entschiedenen Förderung und Vertiefung beglückwünschen, die ihr das Werk von Stooß zur Verfügung stellt.

Jena. A. Köhler.

3. Storch, Dr. jur. Heinr., Über den Begriff, die Arten und die Bestrafung der culpa. Nach der deutschen strafrechtlichen Literatur von Feuerbach bis zum Reichsstrafgesetzbuch. X u. 76 S. Breslau 1913, Schlettersche Buchhandlung. [Strafrechtl. Abhandl. Heft 175.][1]) 2 Mk.

---

[1]) Vgl. Kriegsmann in ZfStRW. XXXV S. 777, Knapp ebenda XXXVI S. 235 f.

Die von v. Hippel-Göttingen zum Druck empfohlene Dissertation bewegt sich auf rechtshistorischem Gebiete. Sie behandelt etwa sieben Jahrzehnte dogmengeschichtlicher Entwicklung der Kulpalehre in objektiv referierender Darstellung ohne kritische Stellungnahme und in ähnlicher Weise, wie dies H. Hemmen in seiner 1909 erschienenen Göttinger Dissertation[2]) hinsichtlich des dolus getan hat, und bietet ebenfalls eine Ergänzung zu v. Hippels rechtsvergleichendem Beitrag über Vorsatz, Fahrlässigkeit, Irrtum in „Vergleichende Darstellung des deutschen und ausländischen Strafrechts", Allg. Teil III S. 374 ff. Sie gründet sich auf 92 im Literaturverzeichnisse S. VII ff. aufgezählte Werke, die in die Zeit von 1800 bis 1871 fallen, und beginnt mit Feuerbach, der zuerst sich eingehender mit der culpa befaßt und für die sonstige Kulpaliteratur den Anknüpfungspunkt gebildet hat.

Das Ergebnis der Arbeit, das in einem Schlußabschnitt S. 75 f. nochmals kurz zusammengefaßt ist, enthält nichts wesentlich Neues. Neues zu bieten, war bei der Art des Themas und seiner Behandlung auch kaum möglich; das Verdienst des Verf. besteht in der systematischen Gliederung und gründlichen Durcharbeitung der verschiedenen, im Laufe des angegebenen Zeitraums in der Kulpalehre hervorgetretenen Ansichten. Die störende, von Kriegsmann a. a. O. mit Recht getadelte ungenügende Beachtung der wissenschaftsgeschichtlichen Zusammenhänge und der zeitlichen Aufeinanderfolge der einzelnen Autoren wäre unschwer zu vermeiden gewesen.

München, Oktober 1914. Dr. Doerr.

4. Tosti, Alfredo, avvocato, Delle Contravvenzioni. Vol. II und III, Parte speciale. Vol. II = 174 S., 1912. 3.50 Lire. Vol. III =

---

[2]) Über den Begriff, die Arten und den Beweis des Dolus. Nach der strafrechtlichen Literatur von Feuerbach bis zum RStGB. Strafrechtl. Abhandl. Heft 104. Vgl. hierzu ZStW. XXX S. 927.

160 S., 1913. 3.— Lire. Casa editrice Dottor Francesco Vallardi Milano.

Mit der gleichen Gründlichkeit und sorgfältigen Berücksichtigung der italienischen Literatur wie im allgemeinen Teil gibt Tosti in den vorliegenden beiden Bänden des besonderen Teils ein Handbuch der einzelnen Übertretungstatbestände, die sich im italienischen Strafgesetzbuch und in italienischen Spezialgesetzen finden.

Auf die Judikatur wird teils im Texte, teils in Anmerkungen Rücksicht genommen. Auch der ausländischen Gesetzgebung wird bei zahlreichen Übertretungen gedacht. Diese Vergleichung macht das Werk auch für Deutschland sehr beachtlich, da hier eine vergleichende Zusammenstellung ausländischer Übertretungen bei dem großen 15bändigen Werke der Strafrechtsvergleichung nicht einbezogen wurde. In bezug auf Exegese ihrer Strafbestimmungen haben die Italiener der letzten Jahrzehnte z. B. Crivellari, Manzini überhaupt einen bewundernswerten Fleiß entwickelt, der mit minutiöser Genauigkeit alle Zweifelsfragen kommentiert. Ihnen reiht sich Tosti würdig an. Hie und da finden sich kleine Versehen ohne Erheblichkeit; z. B. ist unter den Staaten, welche die falsche Namensangabe gegenüber Beamten bedrohen, zwar San Marino, Holland, Ungarn angeführt (Bd. 2, 25 N. 1), aber nicht das Deutsche Reich mit § 360 Z. 8 seines StGB. Unter den Gesetzgebungen, welche die Trunkenheit als solche bedrohen, findet sich auch das deutsche StGB. § 361 Z. 5 zitiert (Bd. 2, 145 N. 1); aber gerade diese Bestimmung enthält keine Strafdrohung gegen die Trunkenheit als solche, sondern bedroht nur die Unterlassung der Unterhaltsgewährung, wenn sie durch Trunksucht, Spiel oder Müßiggang verschuldet ist.

Verdienstlich ist, daß der Erörterung des strafgesetzlichen Tatbestands meist auch eine knappe Einführung in die Normen vorausgeht, zu deren Schutz die Strafbestimmung vorgesehen ist. Wir erfahren dadurch von manchen beachtlichen Verwaltungseinrichtungen, deren verbreiterte Kenntnis auch für Deutschland von Wert ist; z. B. von der Lizenz für Schauspielunternehmungen Bd. 2, 53, von der Preßfreiheit Bd. 2, 90, von dem beschränkten Verbot der Hazardspiele Bd. 2, 139, von der Niederlassungsfreiheit der approbierten Apotheker Bd. 3, 5, von den Beschränkungen der Auswanderungsunternehmungen Bd. 3, 28, von der zwangsweisen Durchführung des metrischen Maßsystems Bd. 3, 97, von dem laxen italienischen Volksschulzwang Bd. 3, 108. Vielfach wird auch die Entwicklungsgeschichte der einzelnen Übertretungen kurz berührt, z. B. beim Bettel Bd. 2, 65, beim Verbot des Waffentragens Bd. 2, 95, beim Jagdrecht Bd. 3, 13. Vereinzelt konstatieren wir dabei auch eine Entlehnung aus dem deutschen StGB., die ausdrücklich als solche bezeichnet wird, nämlich bei Bildung einer Sondergruppe von gemeingefährlichen Handlungen, Bd. 2, 94.

Jena. A. Köhler.

V.

Staats- und Verwaltungsrecht.

1. Walter Jellinek. Gesetz, Gesetzesanwendung und Zweckmäßigkeitserwägung. Zugleich ein System der Ungültigkeitsgründe von Polizeiverordnungen und -Verfügungen. 375 S. Tübingen 1913 (J. C. B. Mohr). 12 Mk.

2. Ottmar Bühler. Die subjektiven öffentlichen Rechte und ihr Schutz in der deutschen Verwaltungsrechtsprechung. 532 S. Berlin, Stuttgart, Leipzig 1914 (W. Kohlhammer). 13 Mk.

I.

Es liegen uns hier zwei dem Umfang und dem Inhalt nach gleichbedeutende Habilitationsschriften vor; Jellinek hat sich auf Grund seiner vorl. Schrift in Leipzig, Bühler in Breslau habilitiert. Beide beschäftigen sich mit dem großen Freiheitsproblem des öffentlichen Rechts und zeigen daher vielfach Berührungspunkte. Eine gemeinsame Anzeige erscheint so ganz von selbst gegeben, zumal beide Verf. den Weg des begriffslogischen Aufbaus des öffentlichen Rechts wählen und dabei zu teilweise auseinandergehenden Ansichten gelangen.

1. Beide Schriften ähneln in dem äußerlichen Aufbau, der weitgehend die Rechtsprechung berücksichtigt, und zerfallen beide in einen theoretischen und einen praktischen Teil. Beide sind auf breitester Grundlage angelegt — was nicht notwendig ein Vorzug sein muß. Denn wenn über selbstverständliche Dinge viele Worte gemacht werden, geht dem Leser leicht der Überblick und die Erkenntnis des Wesentlichen verloren. Mit Recht finden sich daher in beiden Schriften von Zeit zu Zeit sehr notwendige Zusammenfassungen.

2. Beiden Autoren gemeinsam ist ein außerordentliches Selbstbewußtsein, das sie zu einer Überschätzung der eigenen Autorität verleitet und so zwischen ihnen eine literarische Fehde wenig schöner Art gezeitigt hat. Bühler greift Jellinek in

seinem Buch sehr scharf an und geht dabei weit über die üblichen Formen hinaus. Eine „Überspannung logischer Experimente auf Kosten des positiven Rechts“ kann einem schon einmal unterlaufen; daneben sind mangelnde Sorgfalt bei der Auswahl und der Würdigung der Zitate, unrichtige Zitate und innere Widersprüche noch das mindeste. Jellinek gibt diese Vorwürfe in verschärfter Form zurück; er wählt hierfür als geeignete Stelle die Anzeige des Bühlerschen Buchs im ArchÖffR. 32 S. 580 ff. — als ob es so ganz selbstverständlich und üblich wäre, daß eine Besprechung, die doch dem Leser einen Überblick über den Inhalt und wissenschaftlichen Wert einer Schrift geben soll, Raum zur persönlichen Verunglimpfung des Gegners böte. Es findet sich hier die Andeutung des Plagiats (S. 584); der Vorwurf „leichtfertiger“ Darstellung (S. 583); der „wie wir hoffen wollen bloß jugendlichen Eigenschaft,[1]) die Schriften anderer mißzuverstehen, zu entstellen und dann zu verunglimpfen“ (S. 583); der Befangenheit, wenn nicht gar der absichtlichen Entstellung von Zitaten (S. 599); der „Gereiztheit“, der „Verleumdung“, der mangelnden „Ritterlichkeit“, „er hat meine Ausführungen unglaublich flüchtig gelesen“ (S. 603) usw. — um zu schließen: „Das Gesamturteil über B.s Schrift überlasse ich dem Leser.“

Der Vorgang ist bezeichnend für eine gewisse Richtung, die — nomina sunt odiosa — sich gegenwärtig in der Literatur breit macht, mit viel Worten wenig beweist, aber wo es wirklich etwas zu beweisen gilt, mit „schlagenden“ Argumenten kommt, in wenig bescheidener, selbstgefälliger und selbstempfehlender Weise allein ihre höchsteigene und daneben keine andere Meinung gelten läßt. Wohin dieses Abgehen von den altüberlieferten Formen der wissenschaftlichen Auseinandersetzung führen kann, zeigt der unlängst vorgekommene Schritt eines Hochschul-

[1]) Ob J. älter als B. ist an Lebensalter, entzieht sich meiner Kenntnis. Jedenfalls ist er selbst noch nicht oder doch nur um ein Geringes älter als 30 Jahre.

lehrers, der kraft seiner eingebildeten „Autorität" glaubte, bei der ihm persönlich unbekannten Familie eines von ihm für einen Gegner gehaltenen und persönlich gehaßten Kollegen eine von beleidigenden Unterstellungen nur so strotzende förmliche Beschwerde wegen einer von diesem herausgebrachten wissenschaftlichen Schrift anbringen zu dürfen. Der Berliner Professorenstreit ist ja wohl auch noch in allgemeiner Erinnerung.

Vielleicht nehmen sich unsere streitbaren Verf. einmal die an anderer Stelle in d. Bl. angezeigten Briefe von Treitschke zur Hand und lesen dort die hohen Worte nach, die ein noch „jugendlicherer" Verfasser über die Aufgaben des akademischen Lehrers schreibt, um zu erkennen, daß sie nicht nur sich selbst, sondern und vor allem der Wissenschaft, sowie dem Stande schwersten Schaden zugefügt haben. Vielleicht kennen sie auch die neuesten Forschungen über die Relativitätslehre, z. B. Vaihinger, Die Philosophie des Als Ob, Berlin 1911; Lorentz, Einstein und Minkowsky, Das Relativitätsprinzip, 1913; Einstein, Entwurf einer verallgemeinerten Relativitätstheorie und einer Theorie der Gravitation, Berlin 1913; Meisel, Wandlungen des Weltalls und des Wissens von der Erde, Stuttgart 1913; Planck, Neue Bahnen physikalischer Erkenntnis, Berliner Rekt.-Rede 1913. Sie lehren uns, daß alles Wissen und alle Erkenntnis, selbst scheinbar unerschütterliche Sätze wie z. B. das Gravitationsgesetz, die Begriffe Raum und Zeit, Bewegung und Ruhe nur relativ sind. Jedes Werk und jedes Urteil will von seinem Standpunkt aus verstanden sein, hat aber auch Anspruch auf Berücksichtigung unter diesem Gesichtspunkt. In der Wissenschaft ist Raum für alle Ansichten. Die Grundlage aller Forschung ist das gegenseitige Geltenlassen. Nur Selbstbescheidung gibt die zur Mitarbeit an der wahren Erkenntnis erforderliche sittliche Reife. Wer kraft selbstvermuteter Autorität glaubt absolute Kenntnis zu vermitteln, ist für die wahre Wissenschaft erledigt — mag er auch „Schule" machen. Einmal tritt der Ausgleich von selbst wieder ein.

3. Gilt das aber schon für die sog. exakten Wissenschaften — sie haben einst in stolzer Selbstüberhebung diese Bezeichnung gefordert! —, um wie viel mehr muß das für unsere arme Jurisprudenz gelten,[2]) bei der doch selbst die letzten Anfangsgründe „bestritten" und mindestens zweifelhaft sind! Wer sagt uns mit absoluter Bestimmtheit, wo die Grenze zwischen öffentlichem und Privatrecht liegt, oder was eine juristische Person sei? Was ist ein formelles Gesetz, ein Gesetz überhaupt, Gewohnheitsrecht, subjektives Recht, ein Rechtssatz?

Jellinek läßt bereits S. 1 das Wort „Rechtssatz" erscheinen, aber erst S. 177 erfahren wir, was er darunter versteht, und das auch nur durch Verweisungen auf die vorhergehenden Ausführungen. Wie soll ich dann aber vorher z. B. verstehen, daß und weshalb die „Wirklichkeit", die Ansicht der Gesellschaft oder richtiger des „normalen Durchschnittsmenschen" nicht mehr, wie man seither glaubte, den Charakter eines bloßen Auslegungsmittels, sondern den eines „Rechtssatzes" haben soll, wenn ich nicht weiß, was Verf. unter „Rechtssatz" begreift? Zugemutet wird es uns aber.

Bühler läßt trotz eines Verweises im Sachregister an der grundlegenden Stelle (S. 16) die Frage offen, was er unter „Rechtssätze" versteht und nennt nur einige Zweifelsfälle, die er diesem Begriff zurechnet, um aber wie Jellinek die Rechtsprechung „geltendes Recht" schaffen zu lassen, etwa „nach Art einer Ausführungsverordnung" (Jellinek). Denn er läßt eine von ihm als „Gewohnheitsrecht" bezeichnete ständige Recht-

[2]) Aber durchaus nicht in dem Sinne, den Müller-Erzbach in Jahrb. f. Dogm. 61 S. 343 ff. der „Relativität der Begriffe" gibt, so daß aus einem Rechtsbegriff nicht mehr herauszuholen wäre, als was vorher in ihn hineingelegt worden wäre. Vgl. dazu Manigk, Savigny und der Modernismus 1914 S. 162 Nr. 370.

sprechung den Satz von der gesetzmäßigen Verwaltung einführen und dadurch sogar „die Grundrechte überholen“ (S. 87), d. h. außer Kraft setzen. Warum denn nicht — hat ja doch schon längst das Sächs. OVG. (Jahrb. 10 S. 289) ein Verfassungsgesetz durch ein entgegenstehendes „Gewohnheitsrecht“ beseitigen lassen!

Für *Jellinek* (S. 177) ist das vom Richter mißverstandene Recht kein „Recht“ mehr, auf das zurückzugehen ihn „nach einer gewissen Dauer . . . die Macht des Gewohnheitsrechts hindert. Die Fehlerhaftigkeit des Rechts wird durch die Macht der Zeit geadelt“, doch darf der Richter „dem gedanklichen Inhalt der Rechtsordnung“ nichts „hinzufügen, als was auch ohne ihn darin enthalten wäre“. S. 180 lehnt *Jellinek* deshalb die Bezeichnung „Gewohnheitsrecht“ ab. Aber dafür behandelt er ruhig die Tätigkeit der Verwaltung, die ihm noch über die Polizei O. *Mayers* hinaus schlechthin die „gute Ordnung des Gemeinwesens“ ist, als echte „Rechtsquelle“. Reichsrecht könne durch eine entgegenstehende Praxis zugunsten des Landesrechts „außer Kraft“ gesetzt werden (S. 23). Das folge alles aus der Wechselwirkung von Recht und Macht. Ein Nichtrecht könne durch die „Macht“, d. h. hier der Behörde und des Richters, zum Recht erhoben werden, umgekehrt sei ein machtloses Recht ein Nichtrecht. Vorsichtig sagt er zwar am Anfang dieser Zwickmühle, man „dürfe das nicht mißverstehen“; aber man hat doch recht oft das Gefühl, daß eine Klärung dieser Grundfrage zunächst und vor allen Dingen erforderlich gewesen sei, bevor im zweiten Kapitel die „Rechtschöpfung kraft Wirklichkeit“, die aber „kein neues Recht schafft“, auf der Grundlage dieses Satzes vom „machtlosen Recht“ untersucht wird.

Das *Bühler*sche „Gewohnheitsrecht“ und seine Hochachtung vor der Rechtsprechung überhaupt scheint auf ähnlich ungeklärten Zusammenhängen zu beruhen.

Dieser Mangel macht sich — ganz abgesehen von der gegenwärtigen Unklarheit infolge des Streits gerade um die Grundbegriffe, der ja beide Schriften abhelfen wollen —, um so störender bemerkbar, als beide Schriften wie erwähnt sehr langatmig sind, wodurch das Eindringen an sich schon nicht leicht ist. Es kommt eine geradezu erdrückende Fülle überdies unter verschiedenen Gesichtspunkten betrachteter Einzelheiten hinzu, so daß ich wenig schmeichelhafte Urteile über die Schrift hören konnte. Ein bekannter Ordinarius für öffentliches Recht meinte, die Schriften seien „schwer zu lesen". Ein anderer Publizist wußte „nichts damit anzufangen, da er nicht klar sehe". Wie mag es da weniger speziell vorgebildeten Lesern gehen? Gerade die gewählte Methode des begriffslogischen Aufbaus erfordert eine klare und prägnante Schreibweise. Der Leser darf nicht im Dunkeln tappen und verzweifelt mit Hilfe des von ihm überdies sehr bald als unzureichend erkannten Sachregisters suchen müssen, wie denn dies oder jenes gemeint sein könnte. Ich kann trotz mehrmaliger Lektüre heute noch nicht behaupten, die beiden Schriften in allen Einzelheiten voll verstanden zu haben. Soweit ich glaube, daß es der Fall ist, scheinen mir aber die Ausgangspunkte beider Verf. nicht unanfechtbar zu sein. Knüpfen wir an einen der bereits angedeuteten Punkte an.

4. Beide Verf. scheinen sich darüber einig zu sein, daß die Praxis (oder fügen wir hinzu: die Wissenschaft; denn wer den Bock schießt, ist belanglos) infolge unrichtiger Auslegung nicht nur kraft „Gewohnheitsrechts", sondern auch durch Erziehung der Ansicht des „durchschnittlichen Normalmenschen" rechtschöpferisch wirkt, d. h. also, daß nach dem Vorbild von Danz, v. Tuhr u. a. hier (etwa sekundäre) Rechtsquellen vorliegen. Ein Beispiel bietet die Straßenreinigungspflicht der Anlieger. Nach der heutigen Rechtsprechung des Kammergerichts besteht eine solche Pflicht nur im Falle des Vorliegens eines besonderen Titels, etwa einer

Observanz; die frühere Rechtsprechung war nicht so ängstlich (Jellinek S. 315). Wenn nun diese frühere Rechtsprechung älter war, sagen wir einmal 50—60 Jahre, wäre es da nicht denkbar gewesen, daß diese Rechtsprechung die Ausbildung einer Überzeugung bei den Anliegern bewirkt hätte, zu der Reinigung verpflichtet zu sein, wie ja tatsächlich (nicht rechtlich) die Rechtsprechung vielfach in diesem Sinne wirkt? Hätte hier ein echtes Gewohnheitsrecht vorgelegen, so daß eine einmalige Bestrafung im Jahre 1850 etwa die Grundlage einer von der Rechtsprechung des Jahres 1910 verlangten Observanz gebildet hätte? Oder etwa im Jahre 1850 tiftelte jemand historisch heraus, daß eine solche Verpflichtung bestehe. Trotzdem seine Ansicht falsch ist, setzte sie sich mit polizeilicher Nachhilfe durch, so daß die jüngere Generation nur noch diese Ansicht kennt. Ist hier eine rechtliche Verpflichtung entstanden? Kann 1910 gefragt werden, ob die seit 1850 aufgekommene und aufgezwungene Annahme richtig ist, es bestehe eine solche rechtliche Verpflichtung? Kann der heute offensichtliche Irrtum nicht mehr gerügt werden? Selbst wenn immer und immer Widerspruch erhoben worden ist?

a) Das Beispiel zeigt den Fehler. Urteile — der Gerichte und der Wissenschaft — sind Ansichten. Ebenso wie ein großer König, Künstler, Gelehrter, Prediger oder was sonst immer die „öffentliche Meinung" mit seinen Ansichten beeinflußt, so tut es ein Gerichtsurteil. Nicht nur als Präjudiz, das untere Instanzen anbeten, sondern mit Rücksicht auf seinen gedanklichen Inhalt. Wir finden es ja tagtäglich, daß in Urteilen ausgesprochene Gedanken von der Wissenschaft aufgenommen werden und umgekehrt. Aber erst wenn der Gedanke Gemeingut geworden ist, erklärte Rechtsüberzeugung, dann erst ist er Rechtssatz geworden, und bis dahin ist und bleibt er ebenso Privatansicht, wie die eines wissenschaftlichen Werks. Tatsächlich wird ja auch oft genug der in einem Urteil vertretenen Ansicht die Gefolgschaft verweigert.

Der Unterschied des gerichtlichen und des wissenschaftlichen Urteils ist nur der, daß ersteres, und zwar nicht nur unmittelbar in das einzelne konkrete, sondern vermöge der ihm innewohnenden Staatsautorität innerhalb des Gerichtssprengels in alle gleichartigen und sogar in andere subjektive Verhältnisse einzugreifen in der Lage ist, wie dies ja das Reichsgericht für die von ihm erlassenen Urteile im Hinblick auf die Haftpflicht von Notaren usw. unterstreicht.

b) Damit wird nicht der Richter Rechts- oder Normenschöpfer oder auch ein „Gehilfe des Gesetzgebers", wie sich Heck, Gesetzesauslegung und Interessenjurisprudenz 1914 S. 22 ausdrückt; insbesondere ist von der Entstehung etwa eines besonderen lokalen Rechtszustands keine Rede, was am besten die Erwägung beweist, daß dann nach einer gewissen Anzahl von Jahren (wieviel??) etwa das Reichsgericht nicht mehr in der Lage wäre, seine vielleicht allgemein angenommene Ansicht umzustoßen, wie dies unsere Verf. ja anscheinend wollen.

Unzweckmäßig wäre ein derartiger Umfall vielleicht; aber sicher ist er zulässig, solange der Richter nur Rechtsvollzieher bleibt. Dies bleibt er auch da, wo er scheinbar neues Recht selbständig schafft, etwa Lücken im Gesetz schließt, wobei er vielleicht zunächst Jahre und Jahrzehnte hindurch gründlich daneben schießt, um endlich „das Richtige" zu finden. Und deshalb ist ebenso sicher, daß die fortgesetzte falsche Auslegung eines Gesetzes dem Gesetz keinen anderen Inhalt gibt,[3]) wobei nicht vergessen werden darf, daß unbestritten mindestens eine andere Zeit dem Gesetz eine andere Auslegung geben darf.

c) Jellinek verlangt, der Richter solle sich von seinen persönlichen Ansichten und Überzeugungen abstrahieren, entscheidend sei die Ansicht des durchschnittlichen Normal-

[3]) Man denke an eine dem Angeklagten ungünstige Auslegung eines Strafgesetzes, z. B. die vielangefeindete Bewertung von Bestimmungsmensuren als Zweikampf mit tödlichen Waffen. Sollte etwa im Jahre 1930 das Reichsgericht nicht mehr zu einer anderen Auffassung kommen dürfen?

menschen. Wenn nun aber der Richter dieses letztere Maß sehr weit steckt, wie das ja schon vorgekommen ist, z. B. hinsichtlich des Maßes von Sorgfalt bei Auswahl eines Chauffeurs? Oder der Richter ist aufgeklärt und findet keinen sittlichen Verstoß, wo die Polizei ihn finden will, und spricht von der Anklage wegen Erregung öffentlichen Ärgernisses durch gemeinsames öffentliches Baden beider Geschlechter frei. Ein paar Jahre darauf hat sich das öffentliche gemeinsame Baden allgemein durchgesetzt, wie etwa in der Gegend von Berlin. War das seiner Zeit vorauseilende Urteil „falsch", wäre es heute „richtig"? Darf das Reichsgericht heute noch dieselben hohen oder vielleicht sogar noch höheren Anforderungen an die Sorgfalt bei der Auswahl von Chauffeuren stellen, wie im Jahre 1906?

Was hat sich hier geändert? Doch nicht das anzuwendende Recht, sondern die Verhältnisse, unter denen es anzuwenden ist. Heute wie damals gilt als „Rechtssatz" § 183 StGB. und §§ 831, 157, 242, 151 BGB. Geändert hat sich die Auffassung über die sittliche und sonstige Bewertung des gemeinsamen Badens; vielleicht hat sich auch das Publikum mehr an den Automobilverkehr gewöhnt, so daß dann vielleicht auch ein nicht ganz perfekter Chauffeur verwendet werden kann. Vielleicht sind auch umgekehrt heute noch höhere Anforderungen zu stellen. Geändert haben sich also tatsächliche Verhältnisse und deren Bewertung; soweit diese letztere, die Verkehrsauffassung, für die Anwendung des Rechts maßgebend ist (Treu und Glauben, Sorgfalt, öffentliches Ärgernis, Ehre usw.), ergeben sich damit von selbst andere Rechtsfolgen desselben Vorgangs. Damit wird aber nicht die Verkehrsauffassung zur Rechtsquelle nach Art einer Ausführungsverordnung, sondern sie wird ein Tatbestandsmerkmal. Da sie zum juristischen Tatbestand gehört, ist sie in der Revisionsinstanz zu überprüfen, gerade so wie etwa die richtige Anwendung der Begriffe Fabrik,

Gewerbebetrieb usw. Zu beachten ist, daß — von Ausnahmefällen abgesehen — nicht etwa ein „durchschnittlicher Normalmensch" als Sachverständiger gehört wird, sondern daß der Richter nach eigenem Ermessen entscheidet, das eben nach seinem Bildungs- usw. Stand ausfällt, womit selbstverständlich nicht gesagt sein soll, daß er nur nach diesen vielleicht sehr eigenartigen Ansichten entscheiden darf und entscheidet. Hier ist also schwer etwas Positives zu sagen.

d) Nur weil diese schon theoretisch nur mit einer Redensart erfaßbare, praktisch zu einem Würfelspiel führende „Wirklichkeit" keine „Rechtsquelle" ist, durfte das preußische OVG. Ende der 1870er Jahre auf den ursprünglichen oder von ihm vermuteten, mit der Praxis von zwei Menschenaltern in Widerspruch stehenden Polizeibegriff des ALR. zurückgreifen.

Die Grenzen zwischen öffentlichem und privatem Recht sind in ständigem Fluß. Heute kann infolgedessen eine Korporation als privatrechtlich zu bezeichnen sein, die dasselbe Statut wie vor 100 oder 50 Jahren hat und damals zweifellos öffentlichrechtlich war. Die Frage ist nicht unwesentlich, nachdem das BGB. zu ihr Stellung genommen hat. Auch hier ist der Inhalt des Gesetzes, der „Rechtssatz" (etwa ALR. II 6 §§ 25 ff.), der gleiche geblieben, nur ist er heute nicht mehr so wie vor 100 Jahren, sondern nach Maßgabe der gesamten Rechtsentwicklung auszulegen. Ein bezeichnendes Beispiel bietet gerade die „Verleihung der Korporationsrechte", die in Preußen lange gespukt hat, vermöge deren man echte privatrechtliche Korporationen in der zweiten Hälfte des 19. Jahrhunderts durch Unterstellung unter die für die zweifellos öffentlichrechtliche „Korporation" des ALR. II 6 §§ 25 ff. geltenden Vorschriften ins Leben rief, aber eben nicht mehr in der Auffassung der „Korporation" als Staatsanstalt, wie sie dem Stande der Wissenschaft und Praxis zur Zeit der Emanation des ALR. gemäß war, sondern in dem Sinne, den man heute mit einer privatrechtlichen Korporation verbindet. Dabei bieten die landrechtlichen Bestimmungen nur noch insoweit die Grundlage, als sie eben die gesetzliche Quelle für die Rechtserscheinung darstellen, und zwar in der Form, in der sie sich in Anbetracht der gesamten Rechtsentwickelung dem Betrachter am Ende des 19. Jahrhunderts zeigt. Nicht eine imaginäre „Wirklichkeit", sondern eine sehr konkrete Rechtsordnung ist die Ursache dieser Verschiebung in der Bewertung der landrechtlichen Bestimmungen, welche Rechtsordnung in zahlreichen positiven Vorschriften zum Ausdruck kommt und so auch andere Gesetze beeinflußt.

Ein anderes Bild bietet die Lehre von der Staatsangehörigkeit oder der „Untertanschaft" in Preußen vor 1842. Das ALR. enthält keine dieses Rechtsinstitut unmittelbar regelnden Bestimmungen; trotzdem war das Institut vorhanden und wurde auch praktisch gehandhabt, wobei zeitweilig sehr verschiedene Ansichten über die Tragweite der landrechtlichen Ausgangsbestimmungen maßgebend waren. Waren das verschiedene „Rechtssätze", oder waren das verschiedene Ansichten, die sich in den Erlassen und Entscheidungen der verschiedenen Zeiten widerspiegeln?

Der Bundesrat hat ein weitgehendes Recht zum Erlaß von Ausführungsverordnungen, in den Einzelstaaten des Reichs die Zentralbehörden. Rechtssätze verordnen sie, soweit eine Delegation vorhanden ist; Ansichten äußern sie, wo sie kraft Dienstanweisung in die Sphäre der Untertanen eingreifen. Mitunter verschwimmt die Frage: Bis vor kurzem war man der Ansicht, die Tuberkulinimpfung des Viehs sei ein sicheres Erkenntnismittel zur Feststellung der Tuberkulose; der Bundesrat verlangte sie daher bei der Einfuhr von lebendem Rindvieh, wobei er sich auf den Rechtssatz des § 79 des Viehseuchengesetzes stützen konnte. Hier war kraft positiven Rechts eine Ansicht zum Rechtssatz erhoben, um später ganz fallen gelassen zu werden. Eine weitverbreitete Ansicht hält heute die Eisenbahnverkehrsordnung für mindestens teilweise ungültig; „wird" sie nun wirklich ungültig, wenn das Reichsgericht entgegen seiner seitherigen Rechtsprechung sich auf den ablehnenden Standpunkt stellt, wird sie gültig, wenn der bestehende Widerspruch fällt? Ist sie Rechtssatz, enthält sie nur Anweisungen an unterstellte Behörden?

5. Damit sind wir in dem circulus vitiosus glücklich wieder am Anfang angelangt: Gesetz, formelles Gesetz, Rechtssatz usw. Man dreht sich bei der begriffslogischen Methode eben einfach im Kreise herum. Man muß mit den „Rechtsquellen" etwas vorsichtig sein; wer das Wesen der logischen Geltung des Rechts nicht aus der exakten Beachtung des rechtlichen Wirkens gewinnt (Klein, Die psychischen Quellen des Rechtsgehorsams, 1912), der verwechselt nur zu leicht Ursache und Wirkung, der erhebt Hilfsbegriffe (Oertmann, Rechtsordnung und Verkehrssitte) zu „Rechtsquellen", wie wir das gerade bei unsern beiden Verf. finden: Bei Bühler nicht ausdrücklich ausgesprochen, aber in Anbetracht der Handhabung zwischen den Zeilen zu lesen; Jellinek, der mit dem einen Fuß auf den Schultern Bernatziks, mit dem andern auf denen O. Mayers steht, bekennt sich unbedenklich ganz zur modernistischen Schule und legt der Wirklichkeit und ihren Tatsachen rechtssatzerhebliche Bedeutung bei. Die Zahl der Rechtsquellen steigt damit ins ungemessene, und man fragt sich unwillkürlich, weshalb Jellinek nicht einfach jeden Tatbestand als Rechtsquelle bezeichnet, da er doch rechtliche Folgen zeitigt. Es verlangt niemand, daß die m. E. allein zu einem befriedigenden Ergebnis führende Unterscheidung zwischen der formellen und materiellen Geltung der Rechtsnorm jeder Untersuchung zugrunde gelegt wird. Jeder kann sein System aufbauen wie er will. Aber das darf verlangt werden, daß gleich bei erstmaliger Verwendung angekündigt wird, wie die aus dieser Unterscheidung heraus gebildeten, neuerdings

vielfach ganz sinnlos verwendeten Bezeichnungen hier verstanden werden sollen. Gerade da, wo es sich wie hier um juristische Grundfragen handelt, muß unter allen Umständen Klarheit über den Obersatz des Syllogismus bestehen. Ist dies nicht der Fall, stehen die Grundbegriffe in dem verwendeten Sinne nicht fest, so kann eine Ausführung äußerst geistreich, ja selbst „bahnbrechend" sein — sie kann aber auch genau so, wie ein Gerichtsurteil oder ein Verwaltungsakt gründlich daneben hauen. Ich sage nicht, daß das die beiden vorliegenden Werke tun; ich will nur andeuten, daß man auch durchaus anderer Ansicht sein kann oder daß mindestens ihre Ausführungen vielfach falsch verstanden werden können. Ich glaube sogar, in vielen Punkten trotz der hier geäußerten Bedenken mit den Verfassern übereinzustimmen, die in Wirklichkeit einander auch gar nicht so fernstehen, wie man nach ihrer Fehde annehmen sollte. Sie betrachten ihre Aufgabe eben unter verschiedenen Gesichtspunkten, und daraus ergeben sich ganz von selbst verschiedene Ergebnisse, über deren Wert sich im Einzelfall ebenfalls wieder streiten läßt.

II.

Jellinek hat sich zur Aufgabe gesetzt, das „Verhältnis der Justiz und der Verwaltung zum Rechtssatz" zu untersuchen, er will „in systematischer Weise das Verhältnis der Staatsorgane zum gesetzgeberischen Willen erforschen und zeigen, was man unter Freiheit vom Gesetze zu verstehen hat, und wo die Grenzlinie zwischen Freiheit und Gebundenheit sich hinzieht".

1. Er geht dergestalt vor, daß er im ersten Teil das Gesetz zunächst unter dem Gesichtspunkt der behördlichen Freiheit, sodann dem der Notwendigkeit und Zweckmäßigkeit betrachtet.

Er gibt zunächst einige Beispiele, in denen „Tatsachen" die Wirkung eines Rechtssatzes zukommen soll; z. B.: Eine Reise nach Berlin in das Pasteursche Institut ist z. Zt. das einzige

Mittel gegen die Tollwut. Daraus folge, daß die Krankenkassen verpflichtet seien, einem Tollwutkranken die Reise nach Berlin und zurück zu ersetzen. „Der Satz verdankt sein Dasein der Wirklichkeit.“ Handelt es sich hier um „abgeleitete Rechtssatzwirkung“, so soll es auch Tatsachen geben, die „rechtliche Kraft haben unabhängig von jedem Gesetz“, wie Raum und Zeit Voraussetzung eines jeden Gesetzes seien. Zeitliche und örtliche Verschiedenheit der Auslegung, Wissenschaft und Praxis haben so „rechtschöpferische“ Kraft.

Aber das Gesetz ist nicht nur Wirklichkeit (§ 1), es ist auch Gedanke (§§ 2—6), eine Summe von Urteilen, und zwar ein Gedanke, der zugleich befehlende Handlung ist. Dieser zweite Teil ist der eigentliche Kern des Gesetzes; es braucht den Gedanken nicht selbst auszusprechen, es kann auf erläuternde oder feststellende Verordnungen verweisen, aber auch auf den Gegenstand der Ermittelung selbst. Wissenschaft und Wirklichkeit treten letzterenfalls an die Stelle der Verordnung. Insoweit das Gesetz hiernach der Begriffsbildung freien Raum läßt, ist der Raum des freien Ermessens, das danach definiert wird, als „die von Recht mit Maßgeblichkeit ausgestattete, fehlerfrei zustandegekommene, individuelle Abgrenzung eines unbestimmten Begriffs“ (S. 37). Die Abgrenzung kann obliegen einem formellen Verordnungsorgan, der Wissenschaft, der Gesellschaft, einer fremden Rechtsordnung, „der Wirklichkeit“. „Erst wenn alle diese Rechtsquellen schweigen, ist wirkliches freies Ermessen des Staatsorgans möglich, das sich äußert in der individuellen Abgrenzung eines unbestimmten Begriffs innerhalb seiner Grenzen.“ Nach einer eingehenden Untersuchung von Anwendungsfällen dieser Sätze wird S. 89 die Ermessensfrage identifiziert mit der Frage der Notwendigkeit und Zweckmäßigkeit, und dann lautet die juristische Definition des freien Ermessens als „die vom Recht mit Maßgeblichkeit ausgestattete, fehlerfrei zustande gekommene, individuelle Anschauung über den inneren Wert oder Unwert einer Verwirklichung". Allerdings fragt man sich, wie sich Verf. hierbei mit der durch die Gesellschaft, die Wirklichkeit usw. bewirkten Einflußnahme auf diese individuelle Anschauung abfindet, was m. E. nicht ganz unwesentlich ist.

Sodann ist das Gesetz auch Willenserklärung (§ 7), es will ein rechtliches Sollen erzeugen, einen Befehl. „Der Staat will, jemand solle Ursache sein." Formal logisch gewinnt Verf. hierbei folgende Gesichtspunkte für die Betrachtung der Rechtssätze: nach der Kraft oder Modalität (Gewährleistung); nach der Qualität (Bejahung oder Verneinung, z. B. gebietend oder verbietend); nach seiner Relation (Abhängigkeit von einer Bedingung und einer Wesenfindigkeit) und schließlich nach seiner Quantität (Umfang). Im einzelnen sei hervorgehoben, daß freies Ermessen nur soweit bestehen soll, als eine Rechtskontrolle stattfindet, neben der sich mitunter noch eine Zweckmäßigkeitskontrolle findet. Und zwar ist Voraussetzung der Erhebung der Anfechtungsklage die Verletzung des Klägers in seinen Rechten. Daher ist die Frage nach dem Verhältnis zwischen subjektivem Recht und freiem Ermessen aufzuwerfen. Dabei sind auszuscheiden die Fälle, in denen die Verwaltung nur dem Kläger gegenüber frei, dem Gesetz gegenüber dagegen gebunden ist. Denn die Behörde handelt hier nicht nach ihrem subjektiven Ermessen. Nicht zwischen subjektivem Recht und rechtlicher Gebundenheit besteht ein notwendiger Zusammenhang, sondern zwischen subjektivem Recht und individueller Anschauung. Die rechtliche Gebundenheit der Behörde ist die Voraussetzung eines subjektiven Rechts. Aber das subjektive Recht reicht nicht soweit als die Rechtskontrolle überhaupt. Erst wenn das Gesetz dem Untertan die Macht verleiht, in seinem eigenem Interesse durch Klage die Aufhebung des rechtlich nicht einwandfreien Staatsakts herbeizuführen, liegt ein subjektives öffentliches Recht vor, so daß also, wenn die Verletzung eines subjektiven Rechts

Voraussetzung der Verwaltungsklage ist, ein bloßes Interesse zur Sachlegitimation nicht genügen würde, wobei es gleichgültig ist, ob sich die Behörde im Recht geirrt hat oder bei Beurteilung der Wirklichkeit (S. 114—117). Und der an den Einzelnen gerichtete Befehl ist kein Rechtssatz, es sei denn, daß er für eine Allgemeinheit von Personen Rechte begründet oder in ihre Rechtssphäre unmittelbar eingreift, insbesondere durch Erzeugung einer Duldungspflicht (S. 146), was auch für den Unterschied zwischen Polizeiverordnung und Polizeiverfügung gilt, der dadurch erst genau bestimmt wird (S. 155). Das wesentliche Merkmal des „Rechtssatzes" besteht in der begrifflichen Allgemeinheit der von ihm getroffenen Personen (S. 155).

Das zweite Kapitel untersucht die Handhabung des Gesetzes bei Beurteilung des Einzelfalls. Ausgangspunkt ist das freie Ermessen in der im vorigen Kapitel gewonnenen Auffassung. Dabei ist der Satz Bierlings an die Spitze gestellt, daß die Auslegungsregeln Rechtsvorschriften des positiven Rechts seien. Und Einzelfall ist dem Verfasser die nach Rechtssätzen zu beurteilende Wirklichkeit. Diese ist zunächst festzustellen mit der Freiheit des historischen und wissenschaftlichen Erkennens, des Augenmaßes, der Methode usw. Dann erst folgt die Auslegung des Gesetzes, bei der die Tätigkeit des Juristen wie die eines Historikers ist (Anfrage beim Gesetzgeber, Materialien, Zeitgeist z. Zt. der Entstehung des Gesetzes usw.). Der Richter ist deshalb rechtsschöpferisch als Glied der Gesellschaft, deren Anschauungen das Recht mit Maßgeblichkeit ausstattet, als gesellschaftliche Autorität, er ist ein „Stück machtverleihende und machtversagende Wirklichkeit", er ist rechtsschöpferisch kraft Gerichtsgebrauchs — aber stets muß er innerhalb der Rechtsordnung bleiben, der er nichts hinzufügen darf (§ 8). Durch die geradezu unerträgliche Fülle der in Frage gezogenen Möglichkeiten leiden diese an sich recht lesenswerten Ausführungen sehr an Klarheit. Man atmet daher förmlich auf bei § 9, der einen Überblick über die seitherigen Ergebnisse gibt und hiermit einen Überblick über die seitherige Behandlung der „Lehre von den ungeschriebenen Rechtsquellen" in der Literatur verbindet, um schließlich das freie Ermessen in Justiz und Verwaltung näher abzugrenzen.

War in diesen beiden Kapiteln untersucht, was Verf. unter freiem Ermessen versteht, wo es seiner Ansicht nach vorkommen kann und wo nicht, und wo es wirklich vorkommt, so wendet sich das dritte Kapitel der bestimmten Frage der Überprüfbarkeit von Polizeiverordnungen und Polizeiverfügungen zu, „wo die Lehre vom freien Ermessen ihre Kraft erproben soll". Es läßt sich darüber streiten, ob es zweckmäßig war, äußerlich in dieser Weise zu scheiden. Eine in sich geschlossene theoretische Untersuchung bedarf nicht der gleichzeitigen „Erprobung ihrer Kraft"; aber wo man das Übrige tun will, dann erwartet der Leser etwas Neues, nämlich die Umkehrung der Methode, während hier die Methodik des ersten Teils mehr oder weniger beibehalten worden ist. Jellinek bemerkt selbst S. 206, „die tatsächlichen (polizeilichen) Verfügungen sträuben sich gegen die Strenge eines Systems", um doch ein solches unter dem Gesichtspunkt aufzustellen, ob das Verhalten der Polizei dem Untertan günstig oder ungünstig ist. Schon dagegen ist Widerspruch zu erheben. Günstig und ungünstig sind relative Begriffe. Sie sind hier offenbar zu verstehen vom Ansichtsstandpunkt des Untertan aus, so daß also auch das, was die Polizei für ihn günstig erachtet, von seinem Standpunkt aus ungünstig sein kann. Wie ist es aber, wenn sich der Untertan irrt? Das Tätig- oder Untätigwerden der Polizei kann in Wirklichkeit zu seinen Gunsten sein, und doch hält er es für ungünstig. Erinnern wir uns an die seinerzeitige zwangsweise Einführung des Kartoffelanbaus; oder das Verbot des Schlittschuhlaufens, bevor eine bestimmte Eisdicke erreicht ist. Ebenso kann die von J. zu den „ungünstigen" Anordnungen gerechnete

Weigerung des Erlasses einer Verfügung zugunsten eines Untertan sein, es wird z. B. die Bauerlaubnis versagt, deren Gewährung den Nachsuchenden ruinieren würde. (J. erklärt übrigens solche Verfügungen im Interesse des Betroffenen für unzulässig, z. B. könne dem Eigentümer der Genuß des Brunnenwassers, das Betreten der zugefrorenen Fläche nicht verboten werden, S. 274).

Zur Vereinfachung der Betrachtung wird nun für die weitere Untersuchung das „Verhalten der Polizei zugunsten des Untertans" ausgeschaltet; es kehrt nur noch einmal wieder bei der Lehre von der Polizeierlaubnis. Die weitere Untersuchung erstreckt sich nur auf den Polizeibefehl, worunter sowohl Verfügungen wie Verordnungen verstanden werden. Eine Folge der Systematik des Verf. ist, daß — ähnlich wie er seine Begriffe des Rechtssatzes und des freien Ermessens erst am Ende längerer Abschnitte entwickelte — das Verhältnis dieser beiden Arten von polizeilichen Anordnungen gegeneinander nicht an der Spitze der weiteren Untersuchung behandelt wird, sondern (einmal begegnete es uns bereits, vgl. oben S. 98) an zwei weiteren Stellen, so daß an der Spitze dieser Spezialuntersuchung ein dreifacher Verweis in Form von Fußnoten erforderlich ist, damit der Leser einheitlich erfährt, was ihm Verfasser über dieses Verhältnis zu sagen hat. Weiterhin vereinfacht Verf. bei der Untersuchung der Fehlerhaftigkeit. Er scheidet aus die anfechtbare Verfügung und die unwirksame Verordnung; nur die „typische Erscheinung" soll berücksichtigt werden. Damit scheidet Verf. zugleich aus den Widerruf und die „Heilung durch Herstellung des polizeimäßigen Zustands", bei dem er abgesehen von den Fällen eines „zwingenden polizeilichen Interesses" einer facultas alternativa des Untertan das Wort redet, um dann auf die Frage der Heilbarkeit ungültiger Polizeibefehle zu kommen. Sie wird verneint im Falle der nachträglichen Genehmigung, des Wechsels der Gesetzgebung, für Polizeiverordnungen auch bei nachträglichem Vorbringen (da hier ein Schwebezustand nicht möglich sei; S. 231 wird aber dargelegt, daß eine falsche Bezeichnung der zum Erlaß der P.V. ermächtigenden Rechtsnorm nicht schadet, und daß sie höchstens unter dem Gesichtspunkt des Ermessensfehlers Einfluß auf die Gültigkeit haben könne). Alles das wird ausgeschieden, ebenso zeitliche, örtliche und teilweise Ungültigkeit. Bei dem Überblick über diese ausgeschiedenen Teile finden wir ein gutes Stück der Ausführungen des Verf. in seinem „Fehlerhaften Staatsakt" wieder.

Es bleiben so als Fehlerfolgen die unwirksame Polizeiverordnung und die anfechtbare Polizeiverfügung, wobei geschieden werden Formfehler und Verfahrensmängel (§ 11), Rechtswidrigkeit des Inhalts (§§ 12—16), Widerspruch des Inhalts mit den Tatsachen (§ 17), Ermessensfehler (§ 18). Ein Eingehen auf die im ersten dieser Abschnitte entwickelten Einzelheiten, die sich übrigens zum Teil in den anderen Abschnitten wiederfinden, erscheint hier aus räumlichen Gründen unangängig. Der zweite Abschnitt hat zum Gegenstand den Widerspruch der Anordnung mit entgegenstehenden Rechtssätzen und wendet sich dann der Frage der Machtüberschreitung zu, wo sich Rechts- und Ermessensfrage begegnen. Hier wird zunächst (§ 13) der unzulässige Polizeibefehl behandelt, wo wir Polizeiverfügung und Polizeiverordnung aus Anlaß der verneinten Frage gegeneinander abgegrenzt finden, ob sie vertauscht werden können. Gegenstand der Verfügung ist das formelle Polizeirecht, das Verfahren; Gegenstand der Verordnung ist das materielle Polizeirecht, das eine Allgemeinheit einheitlich regelt. Bei wechselseitigem Übergriff ist die Verfügung anfechtbar, die Verordnung unwirksam (S. 266), wobei Verf. mit Recht gegen die Rechtsprechung des preußischen OVG. polemisiert, wonach der Polizeiverordnung abstrakt gesetzliche Kraft zukomme und so auch ohne das Bedürfnis im Einzelfall generelle Anordnung soll getroffen werden können; es wird etwa trotz Vorhandenseins guten Trinkwassers oder eigener Kanalisation Anschluß an die städtische Wasserleitung oder Kanal verlangt. Gegen diese Rechtsprechung lassen sich m. E. auch noch sonstige Gründe anführen, z. B. läßt sich recht wohl darüber streiten, ob solche Anordnungen nicht überhaupt die Grenzen der Polizeigewalt übersteigen. Abgeleitet können sie jedenfalls nur werden aus der „eingewickelten" Polizeigewalt im Sinne derselben polizeistaatlichen Auffassung heraus, die letzten Endes von überfolgerichtigen Theoretikern unter Verkennung der positiven Rechtsordnung und demgemäß unrichtiger Heranziehung einer Reihe hierher gehörender Entscheidungen zu jenem Monstrum der „Anstaltspolizei" verdichtet wird, kraft deren die Einrichtung einer „Veranstaltung des Staats" auch das Recht in sich schließe, jeden der Durchführung entgegenstehenden Widerstand zu brechen. Mit einer solchen Ansicht läßt sich jeder Übergriff der Verwaltung rechtfertigen. Da die staatliche Veranstaltung nicht notwendig auf einem formellen Gesetz zu beruhen braucht, hätte es die Verwaltung in der Hand, den Polizeizwang nach Belieben auszudehnen. Mit Recht hat Jellinek S. 278 ff. gegen diese Überspannung des Polizeibegriffs durch eine glücklicherweise seither auf Einzelfälle beschränkt gebliebene Rechtsprechung und deren Übertreibung durch noch polizeistaatlicher denkende Theoretiker Stellung genommen.

Wir sind damit bereits zu dem nächsten Unterabschnitt gelangt (§ 14), der die Grenze der Polizeigewalt bestimmt durch die Schädlichkeit, in welchem Fall die Polizei eingreifen muß, so daß ein Unterlassen eine Amtspflichtverletzung darstellt, und des Übermaßes, in welchem Fall sie nicht mehr eingreifen darf. Verschlossen ist ihr das Gebiet der positiven Wohlfahrtspflege; unverwehrt ist ihr dagegen die Nachteilshemmung und -Beseitigung. Sie darf nur in öffentlichem Interesse tätig werden, nicht dagegen im Interesse Privater, fiskalischer Interessen, regelmäßig auch öffentlicher Anstalten; ihr Verlangen muß verhältnismäßig sein und durch ein genügendes Interesse gerechtfertigt werden. Andernfalls ist der Befehl ungeeignet, wenn er auch vielleicht zweckmäßig sein mag. Ein Übermaß soll vorliegen, wo der Befehl das Maß der gesellschaftlichen Notwendigkeit überschreitet. Also insbesondere wenn unbedingt statt mit Maßgaben geboten wird; wenn geboten wird, wo ein Verbot ausreicht; auch wenn ein Gemeindemonopol durch Polizeiverordnung eingeführt wird, denn der Verpflichtete hat ja eine facultas alternativa, er kann zwischen gleichwertigen Mitteln wählen. Zu beachten ist aber, daß bei der Polizeierlaubnis diese Schranken nicht notwendig gelten. Ein besonderer Fall der Machtüberschreitung ist die falsche Adresse (§ 15); hier wird zu einer Reihe zweifelhafter Fragen Stellung genommen: Die Polizei darf sich nicht an den Gewalthaber der mittelbaren Polizeiwidrigkeit halten (der Bauer jaucht sein Feld und verunreinigt das Trinkwasser, das Feld ist zu enteignen); an den Veranlasser nur dann, wenn nach gesellschaftlicher Auffassung ihr ein anderes Vorgehen nicht mehr zugemutet werden kann (Heilsarmeeversammlung darf aufgelöst werden, wenn die Polizei den Auflauf vor dem Haus nicht zu bewältigen vermag; das Puppenspiel im Schaufenster einer belebten Straße darf entfernt werden, da es „gerade die Entstehung eines polizeiwidrigen Zustandes bezweckt"), nicht aber von dem Inhaber des möglichen oder wirklichen Gegenmittels (Nichtabwälzung der Straßenreinigungspflicht auf die Anlieger, wohl aber der Streupflicht kraft Nothilfe). Die Frage der Adresse bei Ermittelung des Sachverhalts führt mit dem Schluß vom Zweck auf das Mittel zur Verneinung des Rechts der polizeilichen Vorladung in Strafsachen und der Vorladung überhaupt, solange andere Mittel genügen, z. B. schriftliche Auskunft. Aber insoweit Auskunftserteilung und Augenscheinseinnahme nötig (nach wessen Ansicht nötig?), sollen sie auch pflichtmäßig sein. Den Schluß dieses Abschnitts bildet die Überschreitung der von der Polizei sich selbst gesetzten Schranken (§ 16). Verf. verlangt hier Folgerichtigkeit und gleichmäßige Behandlung (Verbot der Willkür).

Im dritten Abschnitt (§ 17 Widerspruch des Inhalts mit den Tatsachen) entwickelt Verf. den Satz, daß die tatsächlichen Voraussetzungen einer Polizeiverordnung der Nachprüfung in der Revisionsinstanz unterliegen. Bei der Verfügung ist dieser Widerspruch mit den Tatsachen regelmäßig kraft Gesetzes überprüfbar.

Den Schluß des Buchs bildet die Untersuchung der polizeilichen Ermessensfehler (§ 18). Nach einem Überblick über den Stand der Theorie kommt Verf. zu folgenden auf fehlerhaften Erwägungen beruhenden Ermessensfehlern: Die irrige Annahme eines Gebundenseins oder der Freiheit von einer Schranke durch Gesetz, Tatbestand oder Dienstbefehl (gleichstehend auffallende Nichtbeachtung einer Wahlmöglichkeit); irrige Meinung nach freiem Belieben wählen zu dürfen; Nichtberücksichtigung der den Untertanen günstigen Umstände; Berücksichtigung von etwas Unrichtigem zuungunsten des Untertans; Berücksichtigung eines unsachlichen Gesichtspunkts; mangelnde Sorgfalt bei Abwägung der Gründe und Gegengründe; Grundsatzlosigkeit oder Willkür;[4]) mangelnde Folgerichtigkeit. Aber damit ist nicht ausgeschlossen, daß die Anordnung unter einem Vorwand gehalten wird, der Vorwand ist nicht überprüfbar (S. 353).

2. Jellinek versucht begrifflich-systematisch ein Teilgebiet des öffentlichen Rechts zu meistern. Über den Wert dieser neuerdings sehr in Mode gekommenen auf der „Übertragung zivilistischer Begriffe" beruhenden Betrachtungsweise läßt sich streiten. Die Publizisten, die die Methode des Zivilrechts auf

[4]) Dazu ein Beispiel aus der jüngsten Rechtsprechung: Noch am 12. März 1914 (Preuß. VBl. 35 S. 843) erklärt das preuß. OVG. den Umstand für unerheblich, wie die Polizei weitere gleichliegende Fälle behandelt hat, selbst wenn sie gleichzeitig waren (dem einem Wirt wird die Kirchweihtanzmusik an zwei aufeinanderfolgenden Tagen bewilligt, dem andern nicht. Das OVG. erachtet die Begründung für ausreichend, es „solle nicht an zwei aufeinanderfolgenden Tagen getanzt werden").

das öffentliche Recht übertragen wollen, fangen heute erst richtig mit der Konstruktionsjurisprudenz an. Denn dort sei sie in Jahrhunderten zu festen Abschlüssen gekommen, während die Wissenschaft des öffentlichen, insbesondere des Verwaltungsrechts noch ganz jung sei.

Beide Gesichtspunkte sind Ansichtssache. In der Zivilistik sind die Begriffe und Institute ebensowenig feststehend, wie in der Publizistik. Wo eben eine Streitfrage erledigt zu sein scheint, taucht sie sofort wieder in einem neuen Gewand auf. Sodann hat es eine deutsche Staatsrechtswissenschaft schon einmal gegeben, die durchaus selbständige Bahnen ging, um schließlich wieder zu verschwinden. Aber sie hatte eine Nachfolge: das waren die naturrechtlich beeinflußten Lehrbücher der Politik und die systematischen Darstellungen des Polizeirechts. Erstere arbeiteten mit der petitio principii, und die Polizeirechtslehre systemisierte, wo es nichts zu systemisieren gab. Mit Recht machte schon C. H. v. Berg darauf aufmerksam, daß hier nicht ein Recht dargestellt werde, und zutreffend konnte noch Treitschke (Briefe I S. 295) im Jahre 1855 schreiben: „Was man Staatsrecht nennt, ist m. A. nur ein Euphemismus; es ist einfach die statistische Aufzählung und Gruppierung der in einem Staat bestehenden politischen Machtverhältnisse."

Man hatte eben die Anschauung von dem, was wirklich Rechtens war, verloren, an seine Stelle treten faktische Gewaltverhältnisse und politische Zweckmäßigkeitserwägung. Die juristische Wissenschaft hat sich lange Zeit gegen den Absolutismus gewehrt — diese Lehrbücher der Politik und des Polizeirechts haben ihm erst den Sieg auf der ganzen Linie verschafft; und so kann O. Mayer mit Recht Justi als den literarischen Vertreter des Staats Friedrichs d. Gr. bezeichnen.

Es mag sein, daß auch eine solche literarische Epoche sein mußte. Aber deshalb ist es noch nicht nötig, daß der heutige

Modernismus im öffentlichen Recht in alle die Fehler jener Periode, in die abstrakten Konstruktionen des Naturrechts verfällt, in die einseitige Betonung der Autorität im Gewaltverhältnis, in die logische Spekulation auf Kosten des positiven Rechts, und das — Jellinek baut damit sein ganzes System auf — womöglich über den etwas stark anrüchigen, echt polizeistaatlichen Schluß vom Zweck auf das Mittel, mit dem man alles beweisen kann. Erst entwickelt man mehr oder weniger willkürlich, gegebenenfalls auch unter Mißachtung des positiven Rechts, wundervolle Begriffe, wobei politische Zweckmäßigkeitserwägung und Recht nicht streng geschieden werden, wofür als Beispiel der umfassende Polizeibegriff genannt sei, mit dem hier durchgängig gearbeitet wird. Und die also entwickelten Begriffe holt man dann als Inbegriff aller juristischen Weisheit aus den Erscheinungen des Rechtslebens wieder heraus, wobei es natürlich ohne tausend Wenn und Aber nicht abgeht, mit endlosen Ausnahmen, angeblichen Inkonsequenzen und Fehlern — selbst wenn die fragliche Anordnung noch so zweckmäßig wäre. Und genau so, wie bei den alten Polizeirechtlern die fürstlichen Erlasse usw. eine wichtige Rolle spielten, so jetzt die Entscheidungen der Zivil- und Verwaltungsgerichte, denen man mitunter die Bedeutung eines „Rechtssatzes" beilegt. Dann braucht man sich schließlich nicht zu wundern, wenn die Vertreter dieser Schule denselben ausschließlichen Autoritätenglauben für sich in Anspruch nehmen, der einer der Hauptträger des Naturrechts seligen Andenkens war, oder wenn umgekehrt einmal irgendwo der Satz auftaucht, die Wissenschaft hätte nur die Aufgabe die Erscheinungen des praktischen Staatslebens zu „erklären".

Dabei übersieht man, daß unser Rechtsleben nur die Folge eines historischen Werdegangs ist; die Gegenwart hat für den Modernismus allein recht. Seine begriffslogisch-teleologische Erklärung verkennt, daß in dieser Gegenwart das Endglied einer unendlich langen Entwicklungsreihe liegt, an das sich eine ebensolche Kette anschließt. Aus dieser Entwicklungsreihe nimmt man aber nur das, was einem paßt. Sonst könnte es nicht passieren, daß man über die einmal aufgestellten künstlichen Begriffe ganz vergißt, daß in Deutschland die Rechtsentwicklung nach Staaten unendlich verschieden war und daß infolgedessen hier sehr verschiedene öffentliche Rechte nebeneinanderstehen. So braucht es z. B. noch lange nicht richtig zu sein, daß die gegenseitige Beeinflussung dieser Rechtssysteme es rechtfertigt, den preußischen oder gar einen „allgemeinen" Polizeibegriff auf Süddeutschland zu übertragen. Im Gegenteil, es wäre eine dankbare Aufgabe, dieser Gleichmacherei einmal auf ihre innere Begründung nachzugehen.

Gewiß kann man auf systematischem Wege sehr wertvolle Resultate gewinnen, nur müssen solche Untersuchungen vom geltenden Recht und nicht von logischen Abstraktionen ausgehen — und müssen sich darauf beschränken, aus der Summe der einzelnen, in den Staaten des Reichs recht verschiedenen Erscheinungen des Rechtslebens die allgemeinen Gesichtspunkte herauszuschälen. Dabei muß man sich weiter gegenwärtig halten, daß derselbe Begriff nach Zeit und Ort recht verschiedene Bedeutung haben kann, und daß daher zunächst über die jeweilige Bedeutung dieser Begriffe absolute Klarheit herrschen muß. Und schließlich muß man sich gegenwärtig halten — es führt das auf das Eingangs Gesagte zurück —, daß diese allgemeinen Gesichtspunkte nur eine relative, mit dem jeweiligen Standpunkt des Verfassers wechselnde Erkenntnis liefern. Aber davon wollen der Modernismus und seine Jünger nichts wissen. Dienen sie einerseits — bewußt oder unbewußt — dem Wiedervordringen des Absolutismus und des Polizeistaats, so gebärden sie sich andrerseits gern als Alleininhaber der echten juristischen Wissenschaft.

Auch Jellinek ist überzeugter Modernist; indessen sind

auch seine Ansichten nicht mehr als eben Ansichten, selbst wenn sie noch so selbstbewußt und sicher aus einer Reihe nicht weiter erläuterter und erläuterbarer Axiome abgeleitet sind — denen mit demselben Recht genau ebensoviele andere entgegengesetzt werden können. Für ihn ist der Mehrwert des Staats eine konstante Größe, obwohl dieser Mehrwert doch nur auf dem Gebiete der Gesetzgebung besteht, in der Verwaltung dagegen nur soweit, als dies eben vom geltenden Recht anerkannt ist. Es ist ja gerade eines der schwierigsten. Probleme des öffentlichen Rechts, für die hiermit vielfach nicht zu vereinbarende praktische Ausübung der Polizeigewalt eine Erklärung zu finden. Der Mehrwert ist hier lediglich quantitativ, nicht qualitativ; Wirkung, nicht Ursache. Die gegenteilige Lehre, also gerade die Mehrwerttheorie, setzt an Stelle des positiven Rechts ein politisches Postulat. Und deshalb hat diese Mehrwerttheorie mit Recht wiederholt scharfe Bekämpfung erfahren, zuletzt von Kelsen im ArchÖffR. 31 S. 190ff.

Für O. Mayer war die „gute Ordnung des Gemeinwesens" der Ausgangspunkt für die Lehre von der Polizeigewalt. Gegen diese naturrechtliche Vorstellungsweise waren mit Recht Bedenken geäußert worden, so namentlich auch von Gg. Jellinek (Verw.-Arch. 5 S. 310). Dessen Sohne war es vorbehalten, seine Befürchtungen zu verwirklichen: Für W. Jellinek ist die Verwaltung schlechthin „die gute Ordnung des Gemeinwesens", so daß man unwillkürlich fragt, ob hier Polizei und Verwaltung als Synonyma gebraucht werden. Einen Aufschluß gibt uns J. nicht. Er läßt anscheinend die von O. Mayer der genossenschaftlichen Staatsauffassung entlehnte Einteilung in staatsfreie, Mitgliedschafts- und Sonderrechte fallen, und gelangt über die Abwandlungen des von Bernatzik entlehnten, angeblichen großen Rechtssatzes: „Tue, was du glaubst, daß das öffentliche Interesse es erfordert" zu dem auch schon von anderer Seite verfochtenen Satz, daß die Verwaltung die „Vermutung der Rechtmäßigkeit ihres Aktes für sich habe“ (S. 115). Daß sich die Praxis vielfach auf diesen Standpunkt stellt, ist noch kein Beweis für seine Richtigkeit; tatsächlich liegt der Fall doch wohl so, daß die formelle und materielle Gültigkeit der Einzelanordnung, ebenso der sie tragenden Polizeiverordnung vom Zivil- wie vom Verwaltungsrichter von Amts wegen nachzuprüfen ist, sei es als Bedingung der Strafbarkeit, Strafgesetz oder Ermächtigung zur Vornahme der Einzelanordnung, und es ist gerade eine der schwierigsten Fragen, inwieweit sich diese Nachprüfung auch auf das dem tatsächlichen Gebiet angehörende Motiv für den Verwaltungsakt miterstreckt, eben das freie Ermessen, mit dem sich Jellinek so eingehend beschäftigt. Mit einer petitio principii sind alle Fragen rasch gelöst. Ich will aber auch wissen, weshalb ich mich diesem Postulat unterwerfen soll.

S. 158 lesen wir von einem zum großen Teil ein Recht ungleichartiger Subjekte darstellenden Verwaltungsrecht. S. 353 wird aus diesem Mehrwert mit der Praxis gefolgert, daß polizeiliche Anordnungen nicht für ungültig erklärt werden könnten, wenn und bloß weil sie unter einem Vorwand erlassen sind. Ja — gilt denn für den Staat eine besondere Moral, bloß weil er der „Herrscher“ ist? Versteht sich nicht auch für den Staat oder seine Verwaltung „das Moralische von selbst“? Ist nicht für ihn der Satz, daß der Zweck das Mittel heiligt, gerade so anstößig, wie für den Privatmann? Da schreibe man doch lieber gleich: Macht geht vor Recht und Moral, ganz so wie man mitunter die politische und die moralische Gesinnung mit der öffentlichen Rechtssphäre verquickt[5]): So soll in einem deutschen Kleinstaate das Eintreten für Feuerbestattung und Beseitigung des konfessio-

[5]) Seit der Niederschrift vorstehender Sätze scheint das Kriegsgewitter auch hier etwas reinigend gewirkt zu haben. Hoffentlich bleibt es so und wird es nur besser.

nellen Religionsunterrichts unfähig zum Stadtverordneten, in Preußen sozialdemokratische Agitation unfähig zum Einjährig-Freiwilligen-Dienst und zur Wahrnehmung von Magistratsposten machen usw. Daß eine solche auf Grund der „gesellschaftlichen Anschauungen" von der höchsten Verkörperung der Gesellschaft, dem Staat, gehandhabte Praxis auch trotz der Sanktion durch die Verwaltungsgerichte mitunter zu schwierigen Situationen führt, erlebte man vor ein paar Jahren im Großherzogtum Hessen, wo ebenfalls Sozialdemokraten nicht als Bürgermeister und Beigeordnete bestätigt werden und wo obendrein diese Nichtbestätigung vom Verwaltungsgerichtshof sanktioniert ist. Ein bürgerliches Blatt berichtete, die Mitglieder eines sozialdemokratischen Vereins hätten — wenn ich nicht irre — in ein Hoch auf den Großherzog mit eingestimmt. Diese Mitglieder erhoben daraufhin Beleidigungsklage. Das Schöffengericht verurteilte, indem es den Nachweis als erbracht ansah, daß mit der Notiz der Vorwurf der Gesinnungslosigkeit hatte erhoben werden sollen. Der Vorsitzende der Berufungskammer kam dagegen auf die geniale Idee, jedem der Betroffenen die Frage vorzulegen, ob er Monarchist oder Republikaner sei. Damit fiel die Klage. Denn lautete die Antwort „Monarchist", so war sofort die weitere Frage: „Wie können Sie denn da beleidigt sein, wenn die Zeitung sagt, daß Sie Ihrer Gesinnung Ausdruck gegeben haben!" Umgekehrt erschien bei dem Bekenntnis „Republikaner" der Vorwurf der Gesinnungslosigkeit gerechtfertigt. So kam man dank des Geschicks des Vorsitzenden — bei einem Anwalt würde man von Gerissenheit sprechen — um die peinliche Wahl herum, im Namen desselben Landesherrn den ihm die Achtung Verweigernden Recht zu verschaffen und den zu strafen, der diese Achtungsverweigerung hatte brandmarken wollen — oder aber die Konsequenz zu ziehen und die Möglichkeit einer Beleidigung im Hinblick auf die „gesellschaftlichen Anschauungen" zu verneinen, die die sozialdemokratische Gesinnung mit einer capitis diminutio verbinde, kraft deren ein Anspruch auf staatlichen Schutz aus Anlaß der Betätigung dieser Gesinnung ausgeschlossen sein müsse. Gewisse Blätter hatten diese Forderung direkt gestellt, indem sie auf die Unmöglichkeit der ersten Alternative verwiesen. Umgekehrt verweisen ja auch andere Blätter auf die angebliche Unmöglichkeit der Nichtbestätigung sozialdemokratischer Bürgermeister. Ich identifiziere mich hier weder mit der einen noch der andern Richtung, sondern will nur belegen, daß die Anschauung der Gesellschaft und die der Verkörperung der Gesellschaft im Staat juristisch mit Vorsicht zu genießen sind.[6]) Sie erinnert in der Anwendung auf das staatsbürgerliche Verhältnis unangenehm an den homo rerum novarum cupidus, an den nichtwohlgesinnten Bürger, an den „Verdächtigen" und den Verfehmten — Gottseidank vergangener Zeiten. Eine letzte Nachwirkung besaßen ja noch einige Wahlgesetze, die das Wahlrecht verkümmerten, wenn eine Untersuchung anhängig war. Es ist bekannt, in welcher Weise sie gegen politisch unbequeme Elemente ausgenutzt worden sind, indem man jahrelange Untersuchungen gegen sie führte und sie so kaltstellte. Eine solche Anwendung paßt nicht in den Rechtsstaat, indem sie an die Stelle der polizeilichen Willkür nur ein anderes Wort treten läßt. Andrerseits ist nicht zu verkennen, daß unser angeblicher Rechtsstaat noch soviel vom absoluten Polizeistaat an sich hat, daß tatsächlich ein solches Vorgehen formell gerechtfertigt werden kann. Dann

[6]) Es sei hiezu an eine Episode aus dem Preuß. Verfassungskonflikt der sechziger Jahre erinnert. Die Regierung vertrat damals den Standpunkt, die durch Art. 84 preuß. VU. den Abgeordneten zugesicherte Redefreiheit umfasse „in einem gesitteten Staatswesen keineswegs die Freiheit der Beleidigung, der Schmähung, der Verleumdung gegen die Personen der Staatsobrigkeit" (Prov. Korr. vom 9. Mai und 14. Juni 1865). Tatsächlich wurden entgegen Art. 84 VU. Anklagen erhoben; als die Gerichte das Verfahren zu eröffnen ablehnten, wurde der Strafsenat des Obertribunals „entsprechend" besetzt, und nun konnte der Regierung die gewünschte Handhabe gegeben werden. Der Vorgang war der Hauptanlaß dafür, daß das Reichsgericht seinen Sitz nicht in Preußen erhielt.

soll man aber mit Berg konsequent sein, das Ding beim rechten Namen nennen und Willkür oder Staatsraison nicht „Recht" heißen.[7])

Dieses Janusgesicht unseres Staats bringt es auch mit sich, daß die „systematische" Bearbeitung des öffentlichen Rechts scheinbar so nette und der Wirklichkeit entsprechende Ergebnisse zeitigt. Was in sich mehrdeutig ist, deckt notwendig verschiedene Auffassungen, selbst wenn man nicht politisch, sondern streng juristisch denkt. Daher denn die Systeme nicht nur unter sich uneins sind, sondern auch vielfach mit der Praxis in Widerspruch stehen, was an sich nicht schadet. Zu einem Ergebnis kommen sie aber alle. Einen Beleg gibt uns Jellinek S. 273; Körordnungen werden überall erlassen. Da sie ein Stück Wohlfahrtspflege darstellen, können sie eigentlich als Polizeiverordnung nicht erlassen werden. Also muß man sie negativ rechtfertigen. Das Kammergericht läßt mit ihnen bald indirekt Leben und Gesundheit der Kreiseingesessenen, bald ihr Eigentum schützen und ihr Vieh vor Erkrankungen bewahren. Jellinek trägt vor, es werde der allgemeine volkswirtschaftliche Nachteil der Viehverschlechterung verhindert. Diese Beweisführung legt die Frage nahe, weshalb man nicht noch einen Schritt weitergehe und das zweifellos ganz ungeheuer wichtige Problem der öffentlichen Gesundheit durch menschliche Körordnungen im Wege der Polizeiverordnung regelt. Aber hier scheint man doch nicht so weit gehen zu wollen, obwohl doch die Gefahren für die Volksgesundheit auch bei uns oft genug im Verordnungsweg bekämpft werden. Man fragt

[7]) Das Interesse der Gerechtigkeit erfordert allerdings die Bemerkung, daß der verwaltende Staat vielfach in eine Verteidigungsstellung gedrängt ist, und daß daher eine rücksichtslose Anwendung der nach geltendem Recht denkbaren Möglichkeiten vielfach am Platze sein mag. Nur darf diese Verteidigung nicht zum systematischen Angriff werden und dadurch das bißchen Rechtsstaat, das wir haben, mit der Zeit ganz hinfällig machen. Die ganze Überlegung zeigt, daß hier weniger juristisches, denn ein politisches Gebiet vorliegt.

sich bei dieser Rechtfertigung wirklich, weshalb die Polizei nicht praktisch Volkswirtschaftspflege betreiben dürfe, was sie doch tatsächlich recht ausgiebig auf den verschiedensten Gebieten und unter den verschiedensten Firmen tut. Ob mit Recht, ist allerdings eine andere Frage. Man lese dazu etwa die Rechtfertigung des Kapitels vom „Vorwand" bei Jellinek nach, oder der Streupflicht der Anlieger. Dieselbe Notstandstheorie wie bei der Streupflicht rechtfertigt ja schließlich allein auch das Vorgehen gegen die unschuldigen „Veranlasser" einer Polizeiwidrigkeit. Die Frage bleibt natürlich unerörtert, weshalb es der Untertan entgelten soll, daß die Polizei nicht das nötige Personal hat oder durch Requisition beschaffen kann. Es ist bezeichnend, daß solche Umwege zugelassen und gebilligt werden. Das sog. Verwaltungsrecht wird mit solchen Sophistereien zu einer Lehre von dem Gewaltunterworfensein, der „Rechtsstaat" wird eine Redensart und die „Beschränkung" der Polizeigewalt, bei der „Aufrechterhaltung des polizeimäßigen Zustands" die „Freiheit des Untertans so wenig wie möglich zu beschränken" (Jellinek S. 305) wird zu einer Spielerei, wie die ganze darauf beruhende Systematik, bei der letzten Endes die politischen Obersätze des Bearbeiters entscheiden.

Zur Illustration sei wieder auf die schönste Blüte dieser Konstruktionsjurisprudenz verwiesen, die Anstaltspolizei. Für Jellinek ist der Schluß vom Zweck auf das Mittel das A und O der Kunst (S. 80, vgl. auch 319). Er wägt daher ab, inwieweit die Ausübung der Polizeigewalt im Interesse der öffentlichen Anstalten (die Korman-Fleinerschen Selbstverständlichkeiten lehnt er wie wir wissen ab, für ihn kommt nur ein Eintreten der Polizei als selbständiges Institut in Frage) durch die von ihm vorher entwickelten Grenzen der Polizeigewalt getragen wird. Das gibt dann ein richtiges Katz- und Mausspiel. Hoch- und Mittelschulen dienen über den Durchschnitt hinausgehender Förderung; also darf die Polizei zu ihren

Gunsten (gemeint ist wohl im Interesse der Gewährleistung ihres Betriebs) nicht einschreiten. Bei der Volksschule, wo man nach dieser Begründung eine Bejahung erwartet, steht die Pol.-V., die die Störung des Unterrichts verbietet, in „viel zu fernem Zusammenhang mit der Aufgabe der Polizei" und ist daher auch hier ungültig. Zulässig ist aber aus allgemeinen Erwägungen heraus das Verbot eines Auffatzinstituts, weil ein solches „gegen die Verderbung der guten Sitten unserer heranwachsenden Jugend gerichtet" ist; das Verbot der Bezeichnung als „Akademie", weil hier „das Publikum vor Täuschung geschützt wird"; dem Publikum soll das Verbot des Tragens von Uniformen dienen; das Vorgehen gegen die Privatpostanstalten diente dem Schutz des Publikums vor Irreleitung; durch das Verbot einer dem Lokomotivpfiff ähnlichen Dampfpfeife soll „die Allgemeinheit vor Unglücksfällen bewahrt werden", was „ohne weiteres einleuchtend" sei. Dann wird Jellinek auch der Schutz der öffentlichen Sparkasse durch den Landrat (Ostpreußen) und das Bezirksamt (Baden) für zulässig erachten, wenn ihr durch einen Vorschußverein „unlauterer Wettbewerb" gemacht wird, der in dem Gebrauch des Worts Sparkasse erblickt wird. Gerade dieser Fall, den ich in meiner Praxis erlebte, ist sehr instruktiv für die sehr wichtige bei Jellinek anscheinend nicht erörterte[8]) Frage der Grenzen der Polizeigewalt, ob ein aktiver Zwang da möglich ist, wo das Gesetz einen passiven Zwang in Form einer Strafandrohung vorsieht. In konsequenter Durchführung seiner Theorien wird J. die Frage mit dem preußischen und dem sächsischen OVG. bejahen müssen, vielleicht unter dem Vorbehalt, daß dieser Zwang — etwa die Vorführung des Kindes zur Impfung — die ultima ratio bleibt. Kann die Polizei allgemein „Polizeiwidrigkeiten" abstellen, dann kann sie auch Zuwiderhandlungen gegen Straf-

[8]) Mit Rücksicht auf einen an Bühler von J. erteilten Verweis, er hätte etwas mit Hilfe des Sachregisters finden können, sei für alle Fälle bemerkt, daß ich die Erörterung dieser Frage trotz mehrmaliger Lektüre des Buches selbst mit Hilfe des Sachregisters nicht gefunden habe.

gesetze verhindern — ein bekanntlich nicht ganz einfaches Problem; wir werden uns also darauf gefaßt machen müssen, daß die Bekämpfung des unlautern Wettbewerbs auch von der Polizei wird gehandhabt werden, wie sie ja auch sonst sich der Verbrechensverhinderung annimmt. Die Allgemeinheit der Geschäftswelt und des Publikums ist an dieser Art von Schutz sicher sehr interessiert. Oder erfolgt dieser Schutz, wie in den beiden Fällen, nur zugunsten des Erwerbsinteresses der öffentlichen Sparkasse, so daß wir hier also außerdem ein Stück „Anstaltspolizei" vor uns hätten?

Weitere Beispiele des Katz- und Mausspiels finden wir etwa S. 315/316, wo zwar die Streupflicht bei Glatteis im Interesse des Schutzes der Allgemeinheit für zulässig erklärt wird, nicht aber die Reinigungspflicht, obwohl diese doch sicher auch sanitären und verkehrs- oder sicherheitspolizeilichen Motiven entspringen kann. S. 287/317, wonach es unzulässig sein soll, daß jemand gezwungen werden kann, sein Grundstück an die städtische Wasserleitung anzuschließen; aber wenn ihm die Stadt wegen Nichtzahlung der „Gebühr" die Verbindung abschneidet, dann hält sich die Polizei an den Eigentümer (sollte hier nicht, wie ich in meiner Praxis einmal in einem solchen Falle geltend gemacht habe, vielmehr die Polizei von der Stadt die Einrichtung einer entsprechenden Anzahl öffentlicher Wasserentnahmestellen zu verlangen haben, nachdem die frühere Wasserversorgung mittels öffentlicher Brunnen zugunsten der Wasserleitung beseitigt worden war?). S. 274, wonach dem Eigentümer nicht verboten werden kann, das Eis des ihm gehörenden Sees zu betreten, obwohl sich die Polizeiverordnung doch auch auf ihn bezieht (sicher unzulässig ist dagegen die spezielle Anordnung allein gegen ihn selbst). —

Läßt sich also immerhin eine Menge gegen Methode und Inhalt des Buchs anführen, so stehe ich doch nicht an, das Buch für eine sehr wertvolle Bereicherung der verwaltungsrechtlichen

Literatur zu erklären. Es hat eben alles zwei Seiten. Und so bringen es die beanstandeten Punkte mit sich, daß sie auch ihr Gutes haben. Vor allem, daß die Rechtsprechung der Verwaltungsgerichte über viele Fragen einmal in ihren Widersprüchen und ihrer vielfachen Unhaltbarkeit überhaupt beleuchtet wird, und zwar unter Gesichtspunkten, die sie selbst entwickelt hat. Es zeigt sich damit, daß die Rechtsprechung, so hervorragend sie an der Weiterbildung des Rechts beteiligt war, doch auch manche Rückbildung zu verzeichnen hat, und daß die Konsequenz bei der Anwendung von „Begriffen" im Verwaltungsrecht leicht zu einseitigen Ergebnissen führt, wenn sie eben in dem Ausgangspunkt einseitig ist. So nimmt Jellinek denn zu einer ganzen Reihe von Fragen Stellung, in denen die Rechtsprechung Selbstverständlichkeiten sah, und führt sie auf das nach seinen Theorien richtige Maß zurück. Wir beschäftigten uns bereits mit dem Schutz des Betriebs öffentlicher Anstalten. Hingewiesen sei weiter auf die ebenfalls schon erwähnte Stellungnahme gegen die Einführung von Gemeindemonopolen durch Polizeiverordnung (S. 295) und gegen die nachträgliche Rechtfertigung von Polizeiverordnungen (S. 211; mir ist einmal von drei Verwaltungsinstanzen eine Pol.-V. dreimal verschieden „gerechtfertigt" worden!) usw. Die Fülle der Einzelheiten kommt so doch zur Geltung, es werden zahlreiche Fragen unter Gesichtspunkten beleuchtet, für die sich immerhin streiten läßt. Bedauerlich ist dabei allerdings, daß sie mitunter an verschiedenen Stellen unter anderen Gesichtspunkten betrachtet werden, so daß der Praktiker, der unmöglich das Buch ganz beherrscht oder jedesmal neu studiert, leicht zu einer falschen Ansicht über die Bewertung der Stellungnahme Jellineks gelangen wird, wenn er eben nur eine dieser Stellen erwischt. Eine noch exaktere Ausarbeitung des Sachregisters wäre daher vielleicht am Platz gewesen. Besonderes Interesse bieten im einzelnen — so sehr sie durch ihre Länge im Zusammenhang stören — die Erörterungen über die Erwägungen über die Ermittelung des Gesetzesinhalts (§ 8), sowie über Formfehler und Verfahrensmängel (§ 11), wie überhaupt Vieles für sich betrachtet bedeutend gegenüber der Stellung im Zusammenhang gewinnt.

Ob das Buch Einfluß auf Wissenschaft und Praxis haben wird, muß hier dahingestellt bleiben; die Zukunft wird es ja weisen. Für Vieles könnte man es nur wünschen. Sollte es nicht der Fall sein, so bleibt doch die Tatsache, daß eine äußerst fleißige und durchdachte Arbeit vorliegt, der man auch bei Widerspruch gegen System, Methode und Grundanschauung, sowie manche Einzelheiten die Anerkennung nicht versagen darf. Ist das Buch auch „schwer zu lesen", so ist es doch eine wissenschaftliche Leistung, die eben so wie sie ist genommen werden will, und ein neues Zeugnis von dem theoretischen Können sowie der Belesenheit des Verfassers ablegt. Inwieweit dabei nicht etwa der formallogische Gesichtspunkt überspannt wurde, ist eine Frage für sich, auf die bereits hingedeutet wurde.

III.

Für Bühler ist Ziel, was für Jellinek Fundament war: das subjektive öffentliche Recht. Sein Ausgangspunkt ist die Tatsache, daß den Verwaltungsgerichten regelmäßig der Schutz subjektiver öffentlicher Rechte übertragen ist. Während die Theorie über die Möglichkeit eines subjektiven öffentlichen Rechts stritt, hatte sich also die Rechtsprechung mit diesem Begriff abzufinden, so daß eine gewisse Unsicherheit über den Begriff und eine Scheu sich mit ihm auseinanderzusetzen verständlich ist, ebenso ein Schwanken in der Auffassung. Verf. will nun einmal theoretisch aus den seither bestrittenen Elementen des subjektiven öffentlichen Rechts dessen Begriff zu gewinnen suchen und ihn vom bloßen Interesse abgrenzen, die Rechtsnatur der Grundrechte bestimmen und dem Wesen der Rechtskontrolle in ihrem Verhältnis zur Ermessenskontrolle näher treten. Der zweite Teil der Schrift will dann für die einzelnen deutschen Rechtsgebiete feststellen, wie weit nach ihren Gesetzen der Schutz der subjektiven öffentlichen Rechte Aufgabe der Verwaltungsrechtsprechung ist, sowie das Verhältnis der Verwaltungsrechtsprechung zum Begriff des subjektiven öffentlichen Rechts untersuchen.

1. Aus den S. 21 als nach seiner Ansicht entscheidend genannten Elementen des subjektiven öffentlichen Rechts heraus gelangt Verf. S. 224 zu der Definition: „Subjektives öffentliches Recht ist diejenige rechtliche Stellung des Untertanen zum Staate, in der er auf Grund eines Rechtsgeschäftes oder eines zwingenden, zum Schutz seiner Individualinteressen erlassenen Rechtssatzes, auf den er sich der Verwaltung gegenüber soll berufen können, vom Staat etwas verlangen kann oder ihm gegenüber etwas tun darf." Wie Verf. selbst bemerkt, ist diese Definition „keine Zauberformel, mit der alle Schwierigkeiten auf einen Schlag beseitigt wären". Es bleiben die Schwierigkeiten, die sich aus dem Nachweis der vom Verf. apriorisch angenommenen und durchaus nicht notwendig richtigen Elemente ergeben, sodann die Abgrenzung des zwingenden Rechtssatzes von dem dem Verwaltungsermessen freien Spielraum lassenden Rechtssatze. Besondere Schwierigkeit bietet dem Verf. der „primitive Zustand des objektiven Rechts", das vielfach im Stich lasse, wenn es sich um die Ermittelung der Rechtsgrundlage eines bestimmten Verhältnisses handle, z. B. bei der Benutzung öffentlicher Straßen, Museen usw., für welchen Fall Verf. (S. 226) das Vorliegen eines subjektiven öffentlichen Rechts zu verneinen geneigt zu sein scheint.

Hierher gehört auch der Satz von der Gesetzmäßigkeit der Verwaltung, der sich aus dem geschriebenen Recht nicht ableiten lassen soll. Dieser Frage ist eine lange Untersuchung in dem zweiten Abschnitt gewidmet, der von einer besonders wichtigen Art subjektiver öffentlicher Rechte handelt, nämlich den Grund- oder Freiheitrechten. Das Prinzip der

Gesetzmäßigkeit der Verwaltung betrifft die Abgrenzung der Gesetzgebung von der Vollziehung, für die auch die Grundrechte wenigstens teilweise Bedeutung haben. Verf. ist — die Untersuchung beschränkt sich insoweit auf Preußen — der Ansicht (S. 76), das Prinzip könne, wie dies das OVG. auch nicht tue, auf die Verfassung nicht gestützt werden, sondern sei ein aus dem Gesamtpostulat Rechtsstaat heraus auf deduktivem Weg gefundenes Postulat, das Ende der 1870er Jahre gleichzeitig von der Theorie (Laband und Leuthold) verkündet und von der Praxis aufgenommen worden sei „in der Meinung, daß es positives Recht sei". Das Hauptanwendungsgebiet des Satzes, das polizeiliche Verordnungs- und Verfügungsrecht, habe man früher als Ausfluß der Amtsgewalt angesehen. Erstmalig tauche die Idee bei F. F. Mayer auf, Gneist und Bähr kennen das Prinzip nicht.

Mit Recht macht Jellinek in seiner Anzeige gegen diese eigenartige Auffassung und Verkennung der Literatur Front. Das Prinzip von der Gesetzmäßigkeit der Verwaltung ist gewiß nur ein „Postulat des Rechtsstaats"; aber daß es den Verfassungen nicht zugrunde liegen soll, ist weder nach den Belegen des Verf. glaubhaft, noch gegenüber dem von Jellinek beigebrachten Material wahrscheinlich, wie sich auch durchgängig in der älteren Literatur das Prinzip nachweisen läßt, nur muß man dann die Lehre von den wohlerworbenen Privatrechten und dem ius eminens nachschlagen. Belanglos ist auch, daß man das Polizeiverordnungsrecht als Ausfluß der Amtsgewalt ansah und daß deshalb wahrscheinlich in der preußischen Verfassung an den Begriff der Rechtsverordnung nicht gedacht ist — weil man diesen Begriff der späteren Theorie damals noch nicht kannte. Nur darauf kommt es an, ob die VU. das Postulat trägt, während der „Wille des Gesetzgebers" doch ganz unmöglich herangezogen werden kann, wenn es sich um Fragen handelt, die praktisch damals noch nicht vorlagen und theoretisch höchstens gefühlsmäßig erkannt waren. Denn wie H. A. Zachariä (Staatsrecht 2. Aufl. 1854 Bd. 2 S. 145) zutreffend bemerkt, es gibt Sätze, die „über der (gesetzgebenden) Gewalt stehen, von welcher auch die Verfassungsgesetze ausgegangen sind". Ein solcher Satz ist auch das Postulat der gesetzmäßigen Verwaltung. Und hier zeigt es sich eben, wie notwendig eine Erörterung des Begriffes „Rechtssatz" an der Spitze der Untersuchung gewesen wären. Verf. betrachtet nur das „Gesetz" als Rechtssatz, neben dem nur noch Raum für ein „Gewohnheitsrecht" ist, mit dem denn auch sowohl bei der Benutzung öffentlicher Straßen usw. (vgl. oben) wie bei unserem Postulat gearbeitet wird (S. 87). Dabei erkennt Verf. richtig, daß das Postulat in den verschiedenen Einzelstaaten in verschiedener Stärke entwickelt wurde.

Wie ist es aber in Wirklichkeit mit seiner Rechtssatznatur? Ist diese aus dem Begriff des — etwa aus der Trennung der Gewalten zu entwickelnden — konstitutionellen Gesetzes zu folgern, wie die h. M. annimmt? M. E. liegt der Fall gerade umgekehrt, dieser Begriff folgt erst aus unserem Postulat, das erst die Herrschaft oder den Vorrang des Gesetzes begründet, und damit die Durchführbarkeit der Gewaltenteilung. Nur insofern es hierbei praktisch verwirklicht wurde, erhebt es Anspruch auf juristische Geltung.[9]) Und da diese Verwirklichung in erster Linie nach der

[9]) Tatsächlich ist, was Verf. nicht erwähnt, trotzdem er S. 84 betont, daß in Süddeutschland häufig Streit über die Reichweite des landesherrlichen Verordnungsrechtes entstand, eben dort in dieser Weise argumentiert worden. Es ist zur Beurteilung des Sachverhalts sehr wesentlich, daß hiebei mitunter schon in der Zeit vor Emanation der preuß. VU. der Unterschied zwischen formellen und materiellen Gesetzen gemacht wurde. Sollte man das in Preußen nicht bemerkt haben? — Auffallend ist weiter, daß Verf. die Diss. von Jungel über den Württ. Polizeibegriff (1912) nicht zit., obwohl er S. 126 speziell für Württemberg einen Literaturnachtrag bringt (vgl. aber S. 185 N. 292), sowie (S. 127 N. 210) die offenbare Unkenntnis der Untersuchungen von Goldschmidt (Verwaltungsstrafrecht) über die Einführung des Satzes nulla poena sine lege im 19. Jahrh. unter dem Einflusse Feuerbachs.

Seite der gesetzgebenden Gewalt tendiert, haben wir hier in der h. M. wieder einmal die beliebte Verwechselung von Ursache und Wirkung. Wenn die Verwirklichung des Postulats in der Verfassung auch nur in „Ansätzen" nachzuweisen ist, so liegt es auch der Verfassung und allen ihren Begriffen zugrunde, so daß es also gar nicht so fürchterlich ist, wie Verf. anzunehmen scheint, wenn zur Rechtfertigung unseres Satzes außer auf die Verfassungen auf allgemeine Rechtsgrundsätze zurückgegriffen wird, woraus sich ganz von selbst je nach dem eingenommenen Standpunkt verschiedene Folgerungen ergeben (Laband-Meyer, Preuß. OVG., Württemberg. VGH.). Ob die im Einzelfall vertretene Ansicht von der Tragweite des Rechtssatzes richtig ist, ist natürlich eine andere Frage, bei deren Beantwortung die Gesamtauffassung des jeweiligen Staatsaufbaus zu berücksichtigen ist. Und wie letzten Endes alle juristischen Streitfragen auf Glaubensfragen hinauslaufen, so ist es Ansichtssache, ob man unser Prinzip in dem Sinn der Rechtfertigung aller Verwaltungsanordnungen durch ein Gesetz oder nur in dem Nichtwidersprechendürfen erblicken will. Ein eigenartiges Spiel des Zufalls will es hierbei, daß hier der württemb. VGH. trotz des von Bühler betonten demokratischen Charakters des württembergischen Volks, und trotzdem derselbe württemb. VGH. den Schutz der Freiheit der Untertanen recht kräftig in die Hand nimmt (vgl. Bühler S. 124) den engherzigen Standpunkt vertritt, während in Preußen trotz engherziger Verfassungsbestimmungen die weitergehende Auffassung Platz gegriffen hat — wieder einmal ein Beweis dafür, wie wenig gerade ein formelles Verfassungsgesetz den „Rechtsstaat" ausmacht. Für Preußen speziell unterläuft Verf. obendrein die übliche Verkennung der Bedeutung des ALR., das in vielfacher Hinsicht die älteste deutsche Verfassungsurkunde darstellt.

Verf. lehnt also die Geltung des Prinzips von der Gesetzmäßigkeit der Verwaltung — anscheinend in jeder Auffassung —

als in positivem Recht nicht begründet ab (S. 126), es soll nicht durch die Verfassungen, sondern erst viel später durch „Gewohnheitsrecht" eingeführt worden sein und soll — nun anscheinend nur in der weitergehenden Auffassung — auch heute noch nicht für Eingriffe aller Art gelten (S. 127). Richtig ist daran m. E. nur die zweite Satzhälfte, wobei man zweckmäßig „noch" streicht.

Die Grundrechte sind dem Verf. nur subjektive Unterlassungsrechte, für die er allgemein eine verschiedene Bedeutung annimmt, je nachdem die mit ihnen abzuwehrenden Angriffe schon kraft jenes allgemeinen Prinzips nur mit besonderer Ermächtigung vorgenommen werden dürfen oder nicht (S. 128). Ersterenfalls seien nämlich „diese einzelnen Grundrechtsbestimmungen durch jenes allgemeine Prinzip überholt", sie hätten also keine aktuelle Bedeutung mehr. Die m. E. richtige Anschützsche Ansicht, daß die Grundrechte der positivrechtliche Ausdruck unseres Prinzips seien, wird ausdrücklich abgelehnt. Das hindert aber den Verf. nicht, sich andrerseits hinsichtlich der Frage des Eingriffsrechts durch Verordnung auf den Anschützschen Standpunkt zu stellen (S. 70/71), wobei er einerseits die Anschützsche Begründung der Festlegung des materiellen Gesetzesbegriffs in der preuß. VU. ablehnt, andrerseits aber genügend Anhaltspunkte in den Materialien dafür findet, daß allgemein verbindliche Vorschriften, die in Freiheit und Eigentum der Untertanen eingreifen, nur im formellen Gesetzgebungsweg sollten erlassen werden können. Für Einzelverfügungen wird aber auch für Preußen diese Möglichkeit geleugnet.

Entsprechend haben für Verf. die Grundrechte verschiedene Bedeutung nach der Zeit, dem Rechtsgebiet und dem Inhalt der jeweiligen Bestimmung. Ursprünglich seien sie echte Rechte gewesen und wirksame Schranken für die Verwaltung. Heute seien sie dagegen infolge der Überholung durch das Prinzip von der Gesetzmäßigkeit der Verwaltung auch da gegenstandslos geworden, wo die spätere Gesetzgebung nicht das ihre getan habe. Unwillkürlich fragt man sich demgegenüber, wie es denn auf den Gebieten sein soll, wo unser Prinzip „heute noch nicht für Eingriffe aller Art gilt"? Verf. verallgemeinert nun S. 131 ff. dieses sein Resultat und bezeichnet es demgemäß als ein Festhalten an einem alten Sprachgebrauch, wenn man trotz der durch unser Prinzip „für alle Betätigungen der natürlichen Handlungsfreiheit" geschaffenen „rechtlich geschützten Rechtssphäre" (aha!) von einem Recht des Zugs, der Niederlassung, des Gewerbebetriebs, der Vereinsbildung usw. rede, wogegen sich um so weniger einwenden lasse, als „der Gesetzgeber auch noch zur Zeit des Erlasses des Vereinsgesetzes nicht überall die Geltung des Prinzips von der Gesetzmäßigkeit der Verwaltung voraussetzen konnte".

Mit Oertmann und Stier-Somlo findet Verf. eine Tendenz der Gesetzgebung, die Eingriffsmöglichkeiten der Verwaltung auf Grund der allgemeinen Normen immer mehr einzuschränken und an ihre Stelle durch spezielle Gesetze genau bestimmte Eingriffsmöglichkeiten zu setzen („Prinzip der G. d. V. im engsten Sinn"); entgegen seinen Gewährsleuten lehnt er eine solche Weiterentwicklung ab. Solange das Verhältnis zwischen Staat und Untertan in dem Sinn geordnet sei, daß der Untertan auf die nachträgliche Anfechtung beschränkt ist, spreche man besser statt vom subjektiven öffentlichen Recht des Staats von dessen „Verwaltungsansprüchen" im Gegensatz zu den rechtlich geschützten Betätigungsmöglichkeiten des Untertanen oder dessen Unterlassungsrecht gegen den Staat (S. 144). Bei der anschließenden Polemik gegen den Einwand, hier handle es sich nur um Betätigungen der natürlichen Handlungsfreiheit, vermißt man die Berufung auf Gierkes Ausführungen gegen Laband in Schmollers Jahrb. 1883 S. 38 ff.

2. Soweit die vom Verf. entwickelten Elemente nicht nachweisbar sind, liegen nach seiner Ansicht subjektive öffentliche

Rechte nicht vor. Nun gibt es aber Fälle, in denen zwar kein Anspruch auf Interessenbefriedigung besteht, aber der Untertan durch Zubilligung der Beschwerdebefugnis sein Interesse verteidigen kann. Oder die Verfahrensbestimmungen geben ihm eine solche Möglichkeit (rechtliches Gehör, Akteneinsicht usw.). Also die Fälle, in denen man auch von „Reflexrechten" spricht.

Verf. bezeichnet solche Befugnisse als formelle subjektive öffentliche Rechte. Als deren wichtigstes erscheint ihm der Anspruch auf die richtige Ausübung des freien Ermessens (S. 162). Unter diesem versteht Verf. (S. 26) „die vom Gesetz einer Behörde gewährte Möglichkeit, die Entscheidung in einer Verwaltungsmaßnahme danach zu treffen, ob sie ihre Wirkung vom Standpunkt der Förderung des Staatszwecks aus für wertvoll hält oder nicht"; er stimmt also im wesentlichen mit der Definition Jellineks S. 89 überein, was Verf. S. 40 ausdrücklich bestätigt. Die Frage geht dahin, ob und inwieweit die Verwaltungsgerichte Ermessensfehler nachprüfen, ob und inwieweit die Ermessenskontrolle zur (zwingenden) Rechtsfrage gehört. Schwierigkeit machen Verf. hier die „unbestimmten Begriffe", denen daher in anderem Zusammenhang (S. 27 ff.) ein besonderer Abschnitt gewidmet war. Verf. hält Rechtssätze mit unbestimmten Begriffen recht wohl möglicherweise für zwingende Sätze (S. 29), sofern nämlich die Freiheit der Behörde nur in der Bewertung der Motive bei der Fällung einer Entscheidung besteht, was für die Bedürfnisfrage des § 33 GewO. näher untersucht wird. Die Jellinekſche Freiheit der historischen Forschung nennt Verf. eine Freiheit in der Wahl der Beweismittel; bei den unbestimmten Begriffen dagegen handele es sich um ein Blankettgesetz, das das freie Ermessen ausschließt, welche Auffassung sich auch in der Rechtsprechung allmählich durchsetze. Ebenso wird nach der Definition des subjektiven öffentlichen Rechts auf einige Fälle näher eingegangen, deren Abgrenzung Schwierigkeiten bereitet, wie Recht und Anspruch, Recht und Befugnis, Recht und rechtlich geschütztes Interesse (S. 225 ff.), das Gebiet des Gewerberechts (S. 233 ff.), das Wahlrecht (S. 249 ff.), das Selbstverwaltungsrecht (S. 352 ff.) u. ä.

Bei Beantwortung der aufgeworfenen Frage nach der Grenze zwischen Rechts- und Ermessenskontrolle geht Verfasser von dem preußischen Rechtszustand hinsichtlich polizeilicher Anordnungen aus. Dabei verkennt er die ursprüngliche Bedeutung von ALR. II 17 § 10, dem er S. 183 erst seit den 1870er Jahren seine heutige Bedeutung zuerkennen will. Tatsächlich hat er dieselbe Bedeutung mindestens bis 1808 gehabt. Verf. kommt im übrigen zu dem Ergebnis, die Überprüfung der Notwendigkeit der polizeilichen Anordnung gehöre notwendig zur verwaltungsgerichtlichen Kontrolle, ebenso stellt er sich mit Thoma gegen Schultzenstein auf den Standpunkt, daß hier — wie in allen Staaten — überhaupt kein Raum für ein freies Ermessen sei und daß die Polizei pflichtmäßig einzuschreiten habe (S. 184, 186). Für das Verordnungsrecht schwächt er das dann aber S. 190 wieder unter Stellungnahme gegen Wolzendorff ab. Zu prüfen sei hier nur, ob der Eingriff zur Erreichung der konkreten Zwecke der Verordnung notwendig sei, von denen nur zu fordern sei, daß sie dem Gebiet der inneren Verwaltung angehören. Darüber hinaus aber finde sich in zahlreichen Entscheidungen ein Eingehen auf die Notwendigkeits- und Nützlichkeitsfrage, so daß auch die scheinbare Zurückweisung dieser Prüfung nicht viel beweise (S. 198).

Verschieden hiervon ist der Fall der vom Verf. als äußerste Ermessenskontrolle bezeichneten Überprüfung, ob eine dem freien Ermessen Schranken setzende Norm überschritten werde, welcher Fall zur Rechtskontrolle gehört. Ein dritter aus der Praxis nachzuweisender Fall ist der, daß die Rechtskontrolle zu Unrecht versagt wird und dafür eine Ermessenskontrolle als Ersatz eintritt. Die Frage ist dann, wie diese Ermessenskontrolle mit den die Zuständigkeit der Verwaltungsgerichte regelnden Gesetzen zu vereinbaren ist; sie wird im zweiten Teil der Schrift untersucht und für Preußen und Baden hinsichtlich der polizeilichen Verfügungen bejaht, für Bayern, Württemberg und Sachsen verneint (S. 215).

3. Mit Recht betont Verf. S. 219 als die Aufgabe der Wissenschaft, Stellung zu nehmen zu der Nachahmung des preußischen Vorbilds in der Verwaltungsgesetzgebung der andern Staaten, und den Verschiedenheiten der Grundlagen der Verwaltungsgerichtsbarkeit in den einzelnen Staaten nachzugehen. Es geht durch das ganze Buch das sichere Gefühl,[10]) daß sich eben nicht alles über einen Leisten schlagen läßt. Im Schlußkapitel erfahren wir den Grund: über den Versuch der Darstellung des Schutzes des subjektiven öffentlichen Rechts zeigten sich sehr bald

[10]) Das muß wenigstens hier angenommen werden. Die sofort zu erwähnende Bemerkung des Schlußkapitels legt allerdings die Frage nahe, ob sich Verf. dieser methodologischen Bedeutung seiner Schrift auch tatsächlich bewußt war. Er hat jedenfalls nach seiner eigenen Angabe anfangs nur begriffslogisch aufbauen wollen; das alsbald gefundene Bedenken hätte ihm den Gedanken nahe legen müssen, daß in seinem Bedenken der Angelpunkt der Untersuchung liegt, daß aus den positivrechtlichen Bestimmungen und der Praxis der allgemeine staatsrechtliche Begriff zu abstrahieren sei. Wäre sich Verf. tatsächlich über seine Aufgabe völlig im Klaren gewesen, so hätte die oben angeregte Frage nach der Verschiedenheit der Grundlagen des Polizeibegriffs in den einzelnen Ländern einen sehr wesentlichen Bestandteil seines Buches ausmachen müssen. Statt dessen baut er begriffslogisch auf und leistet sich dann den wissenschaftlichen Luxus der Nachprüfung im zweiten Teil, ob sein abstraktes Ergebnis der Handhabung der Wirklichkeit entspricht. Es scheint das — wie überhaupt seine Bemerkungen im Schlußkapitel — stark darauf hinzudeuten, daß Verf. das Schwergewicht seiner Untersuchung in dem allgemeinen, begriffslogischen Teil sucht, während gerade der zweite Teil, der sich mit dem positiven Recht beschäftigt, die wissenschaftliche Bedeutung des Buches ausmacht, so daß man also fast annehmen muß, Verf. halte die rechtliche Wirklichkeit für das Objekt, nicht das Subjekt für das Recht, und demgemäß habe er geglaubt, in derselben Weise und Zweiteilung wie Jellinek vorgegangen zu sein. Da das Buch aber nun einmal zu nehmen ist, wie es vorliegt, und die in der Seele des Verf. liegenden Vorstellungen für die wissenschaftliche Kritik des Buches belanglos sind, muß hier im Sinne des Textes Stellung genommen werden — einerlei, ob die Perle mit oder ohne Bewußtsein gefunden wurde.

erhebliche Unterschiede in der Auffassung bei den höchsten Verwaltungsgerichten der einzelnen Länder. Damit erhielt das Problem eine doppelte Gestalt: einmal die theoretische Gewinnung des Begriffs, wobei Verf. glaubte der Rechtsprechung einen bedeutenden Anteil an der Begriffsbildung zuweisen zu sollen, und dann die praktische Untersuchung des Schutzes des subjektiven öffentlichen Rechts in den einzelnen Rechtsprechungen. Die Zweiteilung des Buchs ist hier also innerlich durchaus gerechtfertigt. Beide Teile behandeln denselben Gegenstand, aber unter verschiedenen Gesichtspunkten und unter verschiedener Methode. In dieser Erfassung der Aufgabe liegt der Wert des Buchs — worüber die verfehlten Spekulationen und teilweise Unrichtigkeiten des begriffslogischen Aufbaues zurücktreten.

Was im ersten Teil an Lösungen von Zweifelsfragen geboten wird, hat für sich betrachtet nur Sinn unter der vom Verf. entwickelten Auffassung, über deren Richtigkeit sich streiten läßt. Das beweist einmal die Bemerkung der Einleitung (S. 7), daß Verf. nichts grundsätzlich Neues zur Frage der positiven Ansprüche, über das Verhältnis des Untertan zum Staat beibringe, nur die Elemente sollen schärfer herausgearbeitet werden, die ein großer Teil der Wissenschaft und die Verwaltungsgerichte ihm jetzt schon beimessen. Zum andern und vor allem sei als Beleg auf den zweiten Teil der Arbeit verwiesen, wo gezeigt ist, wie dieselbe Frage in den verschiedenen Ländern verschieden beantwortet wird, z. B. ob der Nachbar ein subjektives Recht auf Einhaltung der baupolizeilichen Vorschriften bei Genehmigung des Nachbarbaus hat. Verf. schließt sich der sächsisch-braunschweigischen Rechtsprechung an, die ein solches Recht bejaht und verwirft die Preußens, Badens und Württembergs, wobei er es genügend sein lassen will, daß der Nachbar nach den Baugesetzen gehört werden muß; denn daraus gehe hervor, daß die Schutzbestimmungen nicht nur im Allgemeininteresse, sondern auch zum Schutz seiner Interessen erlassen seien und er sie auch der Verwaltung gegenüber soll geltend machen können. Die von Jellinek in seiner Besprechung hiezu aufgeworfene Frage, ob dieses „Recht" auch durch Polizeiverordnung begründet werden könnte (Preußen), scheidet für Verf. aus, da er S. 17 die Frage nach der Form des subjektive öffentliche Rechte begründenden Rechtssatzes „als dem Landesstaatsrecht angehörig" nicht untersuchen will. Sie ist aber doch sehr wichtig. Denn wenn die formelle abstrakte Gesetzeskraft der Polizeiverordnung entfällt, kann sie auch schlecht subjektive öffentliche Rechte begründen. Ebenso fragt Jellinek mit Recht, ob denn hier nicht vielleicht nur subjektive Privatrechte begründet sein könnten, was z. B. für Baden zweifellos Rechtens sei, wie er überhaupt eine scharfe Grenzziehung zwischen öffentlichen und Privatrechten bei Bühler vermißt. Der Anstand dürfte in Ordnung gehen. Zwar nimmt Verf. am Schluß Stellung gegen die Kelsen-Weyrsche Leugnung des Unterschieds zwischen öffentlichem und Privatrecht (vgl. dazu jetzt auch Triepel in der Berliner Festgabe für Brunner 1914 S. 534 ff.), aber worin er den charakteristischen Unterschied findet, sagt er uns trotz mehrfacher Verweise im Sachregister nicht.

Hiervon abgesehen — auch von der grundsätzlich vertretenen Mehrwerttheorie — liegt hier im zweiten Teil der Bühlerschen Erörterungen der bei weitem wertvollere Teil der Arbeit, indem hier an Hand des jeweiligen Einzelstaatsrechts positive Resultate gesucht und weniger allgemeine theoretische Erörterungen geboten werden. Besonders interessant ist die historische Untersuchung der Auffassung der Verwaltungsgerichte vom Wesen des subjektiven öffentlichen Rechts und der Ermessenskontrolle, deren Einzelheiten hier nicht angeführt werden können.

Das Ergebnis dieser Einzeluntersuchungen faßt dann Verf. im Schlußwort zusammen; er findet, daß die Hauptarbeit der Fixierung der unbestimmten Begriffe gegolten habe, zu der man mit der Zeit noch kommen werde. Eine Störung dieses Prozesses drohe von der Richtung v. Laun-Jellinek, der neuesten Lehre von der Bedeutung der Ermessensfehler.

4. Sehen wir auch hier von den Fragen ab, über die sich recht wohl streiten läßt — z. B. Rechtssatz, Gewohnheitsrecht, Mehrwerttheorie — so stellt auch die Bühlersche Untersuchung eine sehr wertvolle Bereicherung der Literatur dar. Vor allem ist die Methode zu begrüßen, die streng zwischen theoretischer Ansicht des Verfassers und dem positiven Recht scheidet. Nur so gewinnen wir die Möglichkeit, die Fragen der Praxis zu prüfen und zu ihnen Stellung zu nehmen. Ob die gebotene Lösung des Problems richtig ist oder nicht, ist hierbei gleichgültig. Theorie und Praxis gewinnen bei dieser Methode gleichmäßig, indem beide ihren Prüfstein finden.

Was dabei den vertretenen theoretischen Standpunkt anlangt, so gilt für ihn alles das, was gegenüber den seitherigen Theorien vom subjektiven öffentlichen Recht bereits vorgetragen wurde. Man fühlt sich bei diesen Theorien ein wenig in die Situation aus dem 3. Akt der „Meistersinger" versetzt, wo Evchen Hans Sachs ihre Nöte wegen des angeblich nicht passenden Schuhes klagt. Bald ist er zu eng, bald zu weit, je nach dem Vorbringen. Genau so ist es mit dem subjektiven öffentlichen Recht. Bald wird es überhaupt geleugnet, bald eng, bald unendlich weit verstanden. Daß es existiert, ist zweifellos. Und je nach der Grundanschauung von dem Verhältnis des Staats zum Untertan wird man es abgrenzen. Geht man wie Verf. und die preußische Praxis — was nicht erlaubt, ist verboten und widerrechtlich — von der Mehrwerttheorie aus, so wird man notwendig zu einer Aufnahme der Entstehungsmöglichkeiten in die Definition des subjektiven öffentlichen Rechts gelangen, und die öffentlichen Rechte des Staats gegen den „Untertan" werden zu „Verwaltungsansprüchen".

Die Frage kommt also auf das Verhältnis zwischen Staat und Untertan hinaus. Ist dieses aber selbst ein Rechtsverhältnis, die Staatsangehörigkeit ein subjektives öffentliches Recht oder nur ein Tatbestand? Verf. verneint ein Recht (S. 251), sie sei nur eine Qualifikation, aber Voraussetzung dafür, daß für den Inhaber subjektive Rechte „entstehen", z. B. auf Aufenthalt, Unterstützung usw. Wir haben also wieder einmal die rechtschaffende „Wirklichkeit". Das preußische Gesetz vom 31. Dezember 1842 gebrauchte an Stelle von Qualifikation das deutsche Wort „Eigenschaft", sagte aber viel konsequenter als Bühler weiter: „als preußischer Untertan" und zeigte damit den inneren Widerspruch deutlich an. Denn dem Staatsangehörigen oder Untertan stehen ohne weiteres die Rechte auf Unterhalt, Erwerb der Unterstützungsanwartschaft usw. zu; sie brauchen nicht erst nochmals zu „entstehen". Für eine Reihe weiterer Rechte ist sie allerdings Voraussetzung. Aber die Anwartschaft auf den Erwerb dieser Rechte gehört wieder zu dem unmittelbar durch die Staatsangehörigkeit vermittelten Komplex künftiger Rechte. Die Staatsangehörigkeit umfaßt also notwendig bereits eine Reihe von Beziehungen rechtlicher Natur zwischen einem bestimmten Staat und Untertan. Und da diese Beziehungen vom Recht geordnet sind, muß ein Rechtsverhältnis vorliegen, kraft dessen verschiedene Ansprüche auf beiden Seiten entstehen. Deshalb ist zu fragen, ob der „Untertan" in der Bühlerschen Definition — stets deren Richtigkeit vorausgesetzt — im technischen Sinn oder im Sinn des Gebietsangehörigen und schlechthin der Staatsgewalt Unterworfenen verstanden sein soll. Es wird sich je nach der Antwort zeigen, daß die sich an die Entwickelung der formalen Seite unseres öffentlichen Rechts anlehnende Definition Bühlers bald zu eng, bald zu weit ist, je nachdem man Verhältnisse der einen oder der andern Kategorie von Untertanen berücksichtigt. Man denke z. B. an die nicht erörterte Frage, ob notwendig gerade nur zwischen „Staat und

Untertan", d. h. Untertan im technischen Sinn, subjektive öffentliche Rechte möglich sind, also an die zweifellos öffentlich-rechtlichen Verhältnisse, die zwischen mehreren Gemeinden, und zwar nicht nur im Falle eines Abkommens, über die Steuerverteilung eines mehrfach Pflichtigen bestehen, weiterhin aber auch an die Beziehungen zwischen Reich und Einzelstaaten, und darüber hinaus an die Beziehungen kraft Völkerrechts. Hat etwa ein fremder Untertan ein subjektiv öffentliches Recht auf Nichtauslieferung, auf Unterstützung usw. gegen den Aufenthaltsstaat, wo solche Ansprüche völkerrechtlich vereinbart und landesgesetzlich bestätigt sind? Hat er etwa einen Anspruch auf rechtliches Gehör im Auslieferungsverfahren, ein Beschwerderecht, wo solches landesgesetzlich vorgesehen ist? Besteht ein subjektiv öffentliches Recht auf Achtung der verfassungsmäßig festgelegten Freiheitssphäre fremder Untertanen?

Verf. meint S. 16, die Berücksichtigung der „Lehre vom Rechtsgeschäft" mache die „Untersuchung . . . allzu weitläufig". Mit nichten; eine Definition des subjektiv öffentlichen Rechts muß auf alle Verhältnisse passen. Und wenn sich zeigt, daß es Verhältnisse gibt, bei denen sie bedenklich ist, so muß eben weiter ausgeholt werden. Das subjektiv öffentliche Recht liegt auch nicht allein auf der Seite des „Untertanen", wie Verf. meint, sondern auch auf der Staatsseite; auch für den Staat kommt ein „Dürfen" im Rechtssinn in Frage. Meiner Wehrpflicht entspricht ein Recht des Staats, mich zum Dienst in Heer und Flotte heranzuziehen. Soweit ihm dieses Recht nicht zugestanden ist, kann er keine Heeresdienste fordern, wie er umgekehrt nur nach Maßgabe des Gesetzes meine Dienste zurückweisen darf, wenn ich die Voraussetzungen der Berechtigung zum Heeresdienst nachweisen kann. Einen Ausschluß vom Heeresdienst etwa wegen dem Staat nicht passender politischer Gesinnung gibt es nicht. Findet die Auslieferung nur unter bestimmten Voraussetzungen und unter Einhaltung eines kontradiktorischen Verfahrens statt, so ist die unter Verletzung dieser Vorschriften erfolgte Auslieferung widerrechtlich und kommt einer Ausweisung gleich. Das sind doch m. E. Fälle, in denen etwas mehr als nur ein „Verwaltungsanspruch des Staats" oder eine „Betätigungsmöglichkeit des Untertanen" (S. 144) vorliegt. Schwierigkeiten entstehen allerdings, wenn diese Rechte verletzt werden. Verf. meint, mehr als eine bloße nachträgliche Anfechtung komme als Rechtsschutzmittel des Untertanen nicht in Frage (S. 144). Wie steht es aber mit der politischen Verantwortlichkeit der leitenden Staatsmänner, mit der subjektiven des schuldigen Beamten, mit der vielleicht diskutierbaren vermögensrechtlichen Haftung des Staats? Und selbst wenn man sich alle Übergriffe des Staats gefallen lassen muß — ändert es etwas an der Rechtsnatur eines Verhältnisses,[11]) wenn der eine Teil faktisch in der Lage ist, den andern Teil zu unterdrücken? Hat nicht auch im Privatrecht vielfach der Stärkere das entscheidende Wort, trotzdem hier der Staat dem Schwächeren beisteht, wenn er angerufen wird — was aber der Stärkere ebenfalls verhindert? So wenig hier im Privatrecht das „machtlose Recht" ein Nichtrecht wird, so wenig ist dies im Verhältnis zwischen Staat und Untertan der Fall.

Es soll damit keineswegs der Wert der Bühlerschen Untersuchungen herabgesetzt werden. Aber ex bono meliori; Klarheit und Erschöpfung der Grundlage bringen bei Beschränkung in den Einzelheiten bessere Ergebnisse, als eine Beschränkung in der Erörterung des Grundproblems und ein Sichverlieren in Einzelheiten. Und deshalb ist es bedauerlich, daß Verf. durch seine Ausfälle gegen Jellinek eine Polemik gegen seine Ausführungen heraufbeschworen hat, die den wissenschaftlichen Wert seiner Untersuchungen in manchen Augen herabzusetzen geeignet ist.

[11]) Wie sehr die Stellung der Ausländer der der Inländer entspricht, zeigt das gegenwärtige Verhalten Englands und Rußlands gegen dort naturalisierte Deutsche und Österreicher, die nach Zeitungsnotizen genau so behandelt werden, als läge eine Naturalisation überhaupt nicht vor.

Wie sich aus vorstehender Anzeige beider Schriften ergibt, braucht man weder auf J. noch auf B. zu schwören, und doch wird man in Zukunft weder an der Untersuchung Bühlers, noch an der Jellineks vorübergehen können — sei es im einen oder im anderen Sinne.

Nachschrift.

Jellinek wie Bühler sind Kriegsteilnehmer. Es besteht also die Möglichkeit — ich hoffe, daß sie nicht eintritt —, daß sie nicht in der Lage sein werden, zu vorstehenden Ausführungen Stellung zu nehmen. Zur Vermeidung von Mißverständnissen sei daher bemerkt, daß vorstehende Anzeige niedergeschrieben und eingereicht war, bevor ich von diesem Umstand Kenntnis hatte.

Charlottenburg. Privatdozent Dr. Waldecker.

3. Das Preußische Gesetz vom 10. Juni 1854 betr. die Deklaration der Verfassungsurkunde. Ein Beitrag zur Preußischen Verfassungsgeschichte. Von Edgar Loening. 62 S. Halle a. S. 1913, Buchhandlung des Waisenhauses. 1.60 Mk. (Sonderabdruck aus der Festgabe für Wilhelm v. Brünneck.)

Kaum zwei Menschenalter trennen uns von der Entstehung der preußischen Verfassung. Zahlreiche Rechtsfragen weittragender Natur wurden damals angeschnitten. Zum Teil sind sie sofort und für dauernd gelöst worden. Ein anderer Teil steht noch heute im Mittelpunkt der Tageskämpfe. Ein dritter Teil schließlich hat starke Reibungen gezeitigt, die durch ein Kompromiß praktisch aus der Welt geschafft wurden, ohne daß die Rechtsfrage hierdurch endgültig gelöst worden wäre. Äußerlich wurde so der Kampf beendet. Innerlich besteht vielfach der Zweifel fort. Ist auch nicht anzunehmen, daß das Feuer wieder aufflammen werde, so enthalten diese Fragen doch eine Reihe von Problemen, denen nur auf Grund eingehender rechtshistorischer Untersuchung nähergetreten werden kann. Ist so das Fundament geschaffen, dann erst kann erörtert werden, ob und welche staatsrechtliche Folgen der praktischen Beendigung des alten Kampfes zukommen, eventuell der Tatsache, ob und daß seitdem das eine oder andere oder gar viele Gesetze den praktisch geschaffenen Zustand als gegeben voraussetzen, und schließlich ob und welcher Einfluß dem inzwischen verstrichenen Zeitablauf zukommt. Mancher Vertreter der „modernen" Richtung in der Staatsrechtswissenschaft würde zwar leicht geneigt sein, die historische Untersuchung für müßige Arbeit zu halten, die Tatsache als solche bestehe ja, die Frage sei im Wege des beiderseitigen Nachgebens erledigt, eventuell durch die stillschweigende Voraussetzung des Tatbestandes in diesem oder jenem Gesetz, äußerstenfalls durch „Gewohnheitsrecht". Bequem ist diese Methode ja, gewiß; ebenso wird die Verwaltungspraxis sich auf diesen Standpunkt stellen dürfen — bis die Frage wieder akut wird. Für die Wissenschaft aber gibt es nur eine Untersuchung auf Grund einwandfreier Feststellungen, und diese bietet eben nur die historische Untersuchung. Denn der Staat und seine Verfassung sind so wenig wie die den Staat bildenden Faktoren vom Himmel gefallen. Der Staat ist ein lebendiger Organismus, die Verfassung sein Geist. Und wie der Mensch nicht ständig den gleichen Anschauungen huldigt, so wechseln auch die Anschauungen, die den Geist des Staats kennzeichnen, wechselt der Geist der Verfassung und der konkreten Erscheinungen, die wir in ihrer Gesamtheit als den Staat bezeichnen. Wollen wir diesen Geist richtig erfassen, der ja in einem „Verfassungsgesetz" seinen Niederschlag gefunden hat, so dürfen wir nicht uns auf die Betrachtung des Buchstabens eben dieses Verfassungsgesetzes beschränken, wie er geschrieben und mit den späteren „Änderungen" bis auf die heutige Zeit fortgeführt vor uns liegt, dürfen wir insbesondere nicht nur mit dem Auge der Gegenwart auf diese historisch gewordenen Dinge blicken und daraus unser Staatssystem entwickeln wollen. Nein, wir müssen rechtshistorisch den Boden bereiten, indem wir zu ergründen suchen, welche Bewandtnis es mit diesem geschriebenen Buchstaben hat, welche Stellung ihm gerade an seinem Ort zukommt und wie er dahin gelangt ist, was er besagen sollte — und was er an diesem Ort besagt, was sich durchaus nicht mit dem zu decken braucht, was er besagen sollte, oder dem Sinn entspricht, den er nach dem Willen der bei seiner Satzung beteiligten Faktoren haben sollte, vielleicht auch welche Bedeutung ihm heute zukommt.

Es ist eine anscheinend unbedeutende Frage, die uns vor dieses Problem stellt, wie die Staatsrechtswissenschaft zu betreiben sei, und es kommt vielleicht einmal eine Zeit, in der man den Kopf schütteln wird, daß eine solche Frage überhaupt aktuell werden konnte. Die preußische Verfassung hatte den Grundsatz der Gleichheit aller Preußen vor dem Gesetz unter Beseitigung aller Standesvorrechte und Standesunterschiede ausgesprochen. Man war sich dabei im klaren, daß die bisherigen Standesvorrechte des hohen Adels fielen, ohne Rücksicht darauf, daß sie durch Gesetz oder Staatsvertrag, insonderheit die Wiener Kongreß- und Schlußakte, begründet waren. In der Folge wurde sie auch zunächst als beseitigt angesehen. Sechs Jahre später erfolgt ein allgemeiner Umfall, man „deklariert" die Verfassung durch das Gesetz vom 10. Juni 1854 dahin, daß sie Rechte und Vorzüge der ehemals reichsunmittelbar gewesenen deutschen Reichsfürsten und Grafen verletze, deren Besitzungen in den Jahren 1815 und 1850 der preußischen Monarchie einverleibt oder wieder einverleibt wurden, soweit sie ihnen „auf Grund ihrer früheren Stellung im Reich und der von ihnen besessenen Landeshoheit zustehen und namentlich durch den Art. XIV der Deutschen Bundesakte vom 8. Juli 1815 und durch die Art. 23 und 43 der Wiener Kongreßakte vom 9. Juli 1815, sowie durch die spätere Bundesgesetzgebung zugesichert worden sind, sofern die Beteiligten sie nicht ausdrücklich durch rechtsbeständige Verträge aufgehoben haben". Der König soll diese Rechte durch kgl.

Verordnung wieder herstellen können. In der Folge ergehen zwei derartige Verordnungen, deren eine den bevorzugten Gerichtsstand der Standesherren, die andere dagegen die sonstigen früher besessenen Rechte der Mediatisierten in dem bezeichneten Umfang wieder herstellt, und nur Verhandlungen mit den standesherrlichen Familien behufs Feststellung des Umfanges der wiederherzustellenden Rechte und Vorzüge, sowie der etwa in Anspruch genommenen Entschädigungen in Aussicht nimmt, welche Verhandlungen dann auch aufgenommen wurden. In dem Verfassungskonflikt der 60er Jahre bestreitet das Abgeordnetenhaus weniger die Rechtmäßigkeit der Wiederherstellung der Rechte der Mediatisierten, als die Form in der sie erfolgte, und die Berechtigung zur Bewilligung von Entschädigungen. Der Streit findet schließlich sein Ende durch ein Kompromißgesetz vom 15. März 1869, das die Wiederherstellung standesherrlicher Privilegien für die Zukunft auf den Weg des Gesetzes verweist, welcher Weg dann in der Folge auch mehrfach beschritten wurde. Die bereits abgeschlossenen Rezesse sollten aber gültig sein.

Das ist der Tatbestand, der ja auch seither schon von verschiedenen Seiten bearbeitet worden ist, vgl. Loening, Die Autonomie der standesherrlichen Häuser Deutschlands, 1905 S. 47 und 48; Bornhak, Preuß. Staatsrecht I S. 319 ff.; v. Rönne-Zorn, Preuß. Staatsrecht II S. 27 ff.; Anschütz, Kommentar zur Preuß. VU. I S. 121 ff.; Arndt, Kommentar zur Preuß. VU. (1911) S. 83 ff.; Schwartz, Kommentar zur Preuß. VU. (1898) S. 52 ff. Die vorliegende Darstellung Loenings zeichnet sich demgegenüber durch eine weit eingehendere und infolgedessen auch gründlichere Untersuchung nicht nur der geschichtlichen Vorgänge und Zusammenhänge, sondern auch der Rechtsfrage aus. Übereinstimmung besteht darüber, daß durch Art. 4 VU. auch die Vorrechte der Mediatisierten abgeschafft werden sollten; mit Ausnahme von Arndt auch darüber, daß sie abgeschafft worden waren, wobei Arndt mit Recht entgegengehalten wird, daß sein Ausgangspunkt nicht stichhaltig ist, daß vielmehr die Gesetze des Deutschen Bundes den Landesgesetzen nachgingen und die hier geschaffenen Privilegien demgemäß durch Landesgesetz beseitigt werden konnten. Übereinstimmung besteht ferner darüber, daß die „Deklaration" zur VU. vom 10. Juni 1854 ein verfassungänderndes Gesetz darstellt, wie ja auch nach Loening S. 45 die in Art. 107 VU. vorgeschriebene doppelte Abstimmung, wenn auch fehlerhaft, vorgenommen wurde. Danach ist nicht zu bezweifeln, daß dem Prinzip nach durch das Deklarationsgesetz die Rechte der Mediatisierten wieder hergestellt werden sollten. Zweifel herrscht nur über die Modalitäten der Ausführung, über die Durchführung der „Wiederherstellung", und auch hier nur soweit, als die Wiederherstellung auf Grund von Rezessen erfolgen sollte, während die Wiederherstellung als solche im Prinzip nicht bestritten wird oder wurde, und zwar sowohl gegenüber dem Gesetz, wie gegenüber den zur Ausführung erlassenen kgl. Verordnungen. Was die Streitpunkte anlangt, so kann der Staatsregierung nicht der Vorwurf erspart werden, daß sie über die Bedeutung der zur Ausführung des Gesetzes erlassenen kgl. Verordnungen stets etwas anderes vorgetragen hat, als der Durchführung dieser Verordnungen von ihr selbst gleichmäßig zugrunde gelegt wurde, wie das Loening in der vorliegenden Schrift S. 50ff. eingehend darlegt. Nachdem dann 1869 die bisherige Durchführung des Gesetzes auch in den Streitpunkten anerkannt wurde, war die Rechtslage durchaus im Sinne der seitherigen Handhabung des Gesetzes geklärt.

Nicht geklärt ist sie aber, und hierüber vermißt man eine Stellungnahme in der vorliegenden Schrift Loenings, hinsichtlich der Häuser Stolberg. Das Gesetz von 1854 sollte sich, wie sich aus den Materialien ergibt, auch auf diese beziehen, obwohl diese längst mittelbar gewesen waren, als ihre Territorien an Preußen fielen.[1]) Wollte man also das Gesetz auf diese Häuser ausdehnen, so mußte man es anders fassen, zumal es sich doch um eine „Deklaration" handelt. Für v. Rönne-Zorn II S. 40 genügt dieser Wille der gesetzgebenden Faktoren, also diese Deklaration zur Deklaration, um den 1862 abgeschlossenen und 1864 durch kgl. Verordnung bestätigten Rezeß mit den Häusern Stolberg für rechtsverbindlich zu erklären. Ob man das sagen kann, ist aber doch recht zweifelhaft. Nun bezieht sich aber das Gesetz von 1869 sicher auch auf diesen Stolbergschen Rezeß. Und hier — aber auch nur für diesen einen Fall — taucht damit die oben aufgeworfene Frage auf, ob durch das Gesetz von 1869 die Wiederherstellung der standesherrlichen Vorrechte auf Grund des Gesetzes von 1854 mit Art. 4 VU. in Einklang gebracht werden konnte. Die Frage ist zu verneinen. Wenn das verfassungsändernde Gesetz von 1854 auf die Häuser Stolberg keine Anwendung leidet — einerlei, ob man der Ansicht war, es solle Anwendung finden, da diese Ansicht der gesetzgebenden Faktoren in dem verfassungändernden Gesetz selbst hätte Ausdruck finden müssen — so konnte auch durch ein gewöhnliches Gesetz vom Jahre 1869 die Anwendung der Verfassung auf diese Häuser nicht ausgeschlossen werden. Ebensowenig ist die kgl. Verordnung von 1864 durch Zeitablauf zu einer tatsächlich zu Recht bestehenden Ausnahme von der Verfassung konsolidiert worden. Die Frage der Vorrechte der Häuser Stolberg steht und fällt danach einzig mit der Be-

[1]) Die Frage ist indessen nicht unzweifelhaft; vgl. die Literaturnachweise bei v. Rönne-Zorn II S. 40 N. 5 sowie Schulze, Preuß. Staatsrecht I S. 427, wobei im einzelnen wieder hinsichtlich des Umfanges der Reichsstandschaft Differenzen bestehen. Waren die Häuser Stolberg reichsunmittelbar, dann blieb aber immer noch das Bedenken, daß sie weder in der Wiener Kongreß- noch der Schlußakte erwähnt wurden, noch in einem sonstigen Bundesgesetz, was aber Voraussetzung für eine Anwendung des Deklarationsgesetzes war. Bei der Beratung des Gesetzes von 1854 scheint man jedenfalls angenommen zu haben, daß das Gesetz an sich nicht auf die Häuser Stolberg passe.

antwortung der Frage, ob das Gesetz von 1854 vermöge der seinerzeitigen historischen Entstehung der 1848 aufgehobenen Vorrechte Anwendung finden kann oder nicht. —

Nicht minder als der juristische Inhalt der Loeningschen Untersuchung ist der historische Inhalt von Interesse. Es wurde oben gesagt, später wundere man sich vielleicht einmal darüber, daß unsere Frage aktuell werden konnte. 1848 sind sich alle Beteiligten einig, daß die Standesvorrechte der Mediatisierten fallen. Als Verteidiger der Standesvorrechte des hohen Adels tritt einzig Ludwig v. Gerlach auf, der zusammen mit Julius v. Stahl die kleine konservative Fraktion dirigierte (Bismarck, Gedanken und Erinnerungen, Volksausg. II S. 167). Art. 65 und 66 der VU. vom 31. Januar 1850 sah dann im Jahre 1852 die Teilnahme der Mediatisierten an der Bildung der 1. Kammer vor. Damit hatten die Standesherren die Möglichkeit in der Hand, auf den solchen Einflüssen leicht zugänglichen König einen Druck auszuüben, indem sie die Eidesleistung auf die Verfassung (Art. 108 VU.) von der Wiederherstellung ihrer durch die Bundesakte verbürgten Rechte abhängig machten. In der Folge haben sie denn auch auf dieselbe Weise die Durchführung des Deklarationsgesetzes von 1854 erzwungen, während die Räte der Regierung anscheinend durchaus die Durchführung zu verhindern suchten. Ein für die heutigen Betrachter eigenartiges Zusammentreffen ist es, daß der König — der durchaus auf der Seite der Standesherren stand — ausgerechnet die Frage der Wiederherstellung der Steuerfreiheit der Standesherren zum Ausgangspunkt seiner Stellungnahme gegen die Räte der Regierung nahm, wodurch dann die Verhandlungen in Fluß kamen. Äußerst interessant sind die Hinweise auf die einzelnen treibenden Kräfte, denen es zu danken ist, daß also wieder „Standesvorrechte" geschaffen wurden. Ebenso aber auch, daß die liberale Partei für diese Wiederherstellung stimmt; der korrekte Individualist muß ja die „wohlerworbenen Rechte" anerkennen, die man — wie heute noch Arndt — in den völkerrechtlichen Verpflichtungen Preußens gegenüber dem deutschen Bund als gegeben ansah.

Die kleine Darstellung geht so über den Rahmen einer juristischen Untersuchung hinaus, sie gibt nicht nur ein Stück preußischer Verfassungsgeschichte, sondern ein Stück deutscher Zeitgeschichte und einen wertvollen Beitrag zum Studium deutscher Eigenart. Nach einem großartigen Anlauf war die deutsche Bewegung von 1848 verpufft; nun galt es wieder mit den gegebenen alten Realitäten zu rechnen, zu denen auch die in der Bundesakte übernommenen Verpflichtungen Preußens hinsichtlich der Standesvorrechte der Mediatisierten gehörten. Dem trägt selbst der Erbe der Bewegung von 1848, die liberale Partei, Rechnung. Den Geist von 1848 wahrten die Räte der Regierung, indem sie der Oberleitung des Staats passiven Widerstand entgegensetzten, solange es anging. Man glaubt in eine verkehrte Welt hineinzusehen. Man sieht aber zugleich die Fäden, die auch auf diesem Gebiet in der Hand Bismarcks zusammenliefen — dem in den 60er Jahren dieselbe liberale Partei in eben dieser Frage wieder Opposition machte, in der sie eben noch am Strange der Regierung gezogen hatte.

Charlottenburg. Privatdozent Dr. Waldecker.

4. Edgar Loening, Abhandlungen und Aufsätze. Bd. 1: Gerichte und Verwaltungsbehörden in Brandenburg-Preußen. Ein Beitrag zur Preußischen Rechts- und Verfassungsgeschichte. 326 S. Halle 1914 (Waisenhausbuchhandlung). 9 Mk.

In den Jahren 1894 und 1895 veröffentlichte Loening im Verwaltungsarchiv längere Abhandlungen über die geschichtliche Entwickelung des Verhältnisses zwischen Gerichten und Verwaltungsbehörden in Brandenburg-Preußen. Unter Benutzung des Materials der bis zum Beginn des Siebenjährigen Kriegs vorliegenden Acta Borussica sind diese Abhandlungen zu dem vorl. Band zusammengefaßt und inhaltlich bedeutend erweitert worden.

Es zieht ein wichtiges Stück preußischer Geschichte an uns vorüber. Nicht in dem Sinne, der von Feldzügen und Schlachten ausgeht. Sondern jener anscheinend unter der Oberfläche bleibenden Bewegungen und Umbildungen, deren Vorhandensein nur selten beobachtet, noch seltener erkannt wird, bis sie eines Tags mit sehr fühlbarer Wirkung sich kundgeben, wesentliche Umgestaltungen des Staatslebens herbeiführen, um dann wieder für einige Zeit zur Ruhe zu kommen — bis zu dem nächsten Hervortreten. Es sind die stets im Fluß befindlichen Fragen der Verfassung des Staats. Die äußeren Stadien ihres Werdens und Vergehens, die Etappen der wirklichen Um- und Weiterbildung der Verfassung des Staats, diese sind allgemein bekannt. Sie gehören der Staats- und Rechtsgeschichte an. Anders steht es um die Fragen des cur und quomodo, warum die Entwickelung gerade diesen Verlauf nahm. Diese beantworten uns nur eingehende rechtshistorische Studien zu den jeweiligen Fragen. Loening hat hier die Frage des Verhältnisses der Justiz- und der Verwaltungsbehörden in Brandenburg-Preußen herausgegriffen, jene Frage, die für die innere Gestaltung und Entwickelung dieses Staats ausschlaggebend war, und am kürzesten die Ausbildung des Machtstaats auf Kosten der alten ständischen Verfassung, und dann dessen Umgestaltung zum Rechtsstaat bezeichnet.

Kraftvolle Herrscher hatten zunächst ihre Person und ihre Verwaltung von den alten ständischen und Rechtsschranken befreit. Das Recht hatte damit jeden Wert verloren. Wie der Herrscher sich über das Recht hinwegsetzte und die Herrschaft auch über das Recht beanspruchte, so mußte er es erleben, daß seine Beamten und Behörden nicht gesonnen waren, einen Teil der in ihren Händen liegenden Macht aufzugeben. Loening berichtet S. 15 von einem Beamten, der den Kurfürsten 1656 geradezu auffordert, zu tun was ihm beliebt: „Vom Kaiser haben wir hier nichts zu befürchten, noch von hier aus durch

Recht noch durch Gewalt. Nirgends sind die Sachen so bestellt, daß sich jemand in unsere Händel mischen wird, und wenn es hoch liefe, so wäre es mit einem Briefe, welchen man mit einem Brief beantworten wird und kann". Wenn dann Friedrich Wilhelm I. diesen Grundsatz in verstärktem Maße befolgte, die Gerichte jeder Einwirkung auf den Staat und seine Beamten folgerichtig entkleidete, die Verwaltung vor sich selbst Recht nehmen ließ, dann brauchte er sich umgekehrt nicht zu wundern, wenn seine Versuche, die Untertanen vor Ausbeutung und Übergriffen durch Behörden und Beamte zu schützen, vergeblich waren. Sein großer Sohn und Nachfolger war kraft seiner philosophischen Vorbildung dazu berufen, den Rechtsstaat vorzubereiten, indem er zunächst die Zuständigkeit der Gerichte außer für Privatrechtssachen für eine große Anzahl von Streitigkeiten des öffentlichen Rechts wiederherstellte, woran auch das ALR. festhielt. Erst eine falsche Auslegung gelangte zu einer regelrechten „Trennung der Gewalten" nach französischem Muster, und damit der Beschränkung der Zivilgerichte auf Privatrechtsstreitigkeiten. Erstmalig fand sie ihren Ausdruck in dem Reglement für Neu-Ostpreußen von 1797, das aber doch die gesamte Verwaltung der Gerichtsbarkeit der Gerichte unterstellt. Gegen jeden Akt der Verwaltung, durch den ein Untertan sich verletzt glaubte, sollte er bei den Gerichten eine Klage anbringen können, und zwar auf Aufhebung der Verfügung, nach ihrer Ausführung auf Entschädigung. Damit war die Rechtmäßigkeit der Verwaltung der rechtlichen Kontrolle der Gerichte unterworfen; gleichzeitig wurde die Unabhängigkeit der Gerichte auch im Falle von Kompetenzstreitigkeiten gegen ministerielle Willkür gesichert.

Aber diese Anschauungen fanden vor der späteren Zeit keine Gnade. Wohl war das Reglement von 1797 das Vorbild für die Organisationsverordnung vom 26. Dezember 1808. Doch war es dem Einfluß Frieses gelungen, die dort klar gezogenen

Grenzen zwischen Justiz und Verwaltung zu verwischen und den Rechtsschutz abzuschwächen, wobei sich Friese von der mit dem geltenden Recht in Widerspruch stehenden theoretischen Vorstellung leiten ließ, daß den Verwaltungsbehörden eine nur durch wenige gesetzliche Vorschriften begrenzte Vollmacht zukomme. Soweit aber eine Klage auf Aufhebung einer polizeilichen Verfügung zulässig war, sollte auch über deren Zweckmäßigkeit entschieden werden. Kein Wunder, wenn bei einer derartigen Verkennung der Ausgangspunkte durch den geistigen Vater dieser Regelung die spätere Praxis unter dem Einfluß der französischen Theorie und Praxis mehr und mehr zu einer Beschränkung der Zuständigkeit der Gerichte auf Zivil- und Strafsachen gelangte und ihr die Klagen gegen eine rechtswidrige Ausübung der öffentlichen Gewalt entzog, welche Bewegung erst seit 1848 und auch dann noch sehr zaghaft und unter starken Hemmungen zurückgedämmt wurde. Die Wirkungen jener Auffassung sind auch heute noch nicht überwunden.

In diese Bewegungen sehen wir nun hinein. Wir verfolgen die Entstehung der einzelnen Gesetze aus dem Zusammenhang der jeweiligen Ordnungen heraus, wir erfahren die Erwägungen, die zu dem endlichen Entschluß führten, und welche Schicksale dann die jeweilige Anordnung hatte. Jene Anordnungen, in denen sich der Sieg zunächst der Staatsverwaltung über das Recht, und dann der Kampf um das Recht in der Staatsverwaltung spiegelt, um eine Rechtskontrolle der Verwaltung. Das Beamtentum, durch das ein Jahrhundert zuvor der Sieg in der umgekehrten Richtung erfochten war, führte um die Wende des 17. zum 18. Jahrhundert die Auffassung zum Sieg, daß die Herrschaft des Rechts im Staat nur durch die Einrichtung von der Verwaltung unabhängiger Gerichte zu ermöglichen sei. Der Hauptvertreter dieser Ansicht war Svarez. Leider liegt es außerhalb der Aufgabe der Untersuchung Loenings, diesem

Problem auf seinen Einfluß auf das ALR. im einzelnen nachzugehen. Es hätten sich m. E. interessante Ergebnisse gezeigt.

Aber noch in der Verordnung vom 26. Dezember 1808 ist der Grundgedanke Svarez' nachweisbar, daß nur der König als Inhaber der gesamten Staatsgewalt in deren Ausübung der Gerichtsbarkeit der Gerichte nicht unterstehen könne. Für eine solche Auffassung war jedoch jene Zeit noch nicht reif. Ihre Auffassung kennzeichnet am besten die Ansicht des Justizministers v. Mühler, der 1837 den Satz aufstellte, daß die von der oberen Instanz gebilligte Verwaltungshandlung auch rechtmäßig sei. So konnte denn die Bureaukratie nach den Befreiungskriegen wieder an eine Rückbildung herangehen. Die Unabhängigkeit der Verwaltung von den Gerichten wurde immer schärfer betont; 1830 wurde den Beamten die Möglichkeit der Anrufung der Gerichte wegen ihres Gehaltsanspruchs genommen, 1842 im Prinzip die Unanfechtbarkeit der Verwaltungsakte ausgesprochen. Ja man verstieg sich sogar zu der Annahme, daß rechtskräftige Urteile durch Verfügung der Ministerien aufgehoben und die Sache den Verwaltungsbehörden zugewiesen werden könne; wenn irgendeine Tatsache die Notwendigkeit der Einrichtung von besonderen Gerichtshöfen des öffentlichen Rechts fordert, so ist es der Umstand, daß diese Praxis von einem Savigny gebilligt werden konnte.

Als dann das Interesse der Bevölkerung an der Verwaltung nach Erlaß der Verfassungsurkunde wieder wach wurde, drängte die Entwickelung wieder auf eine Rechtskontrolle der Verwaltung, und zwar zunächst noch einmal in der Richtung der Verweisung auf den Weg des Zivilprozesses. Noch ein volles Jahrzehnt verging, bis endlich der erste Anlauf zur Lösung der Frage nach der uns allen geläufigen Richtung gemacht wurde, durch die Einrichtung unabhängiger, nur dem Gesetz unterworfener Gerichtshöfe des öffentlichen Rechts.

Die Darstellung selbst entspricht in jeder Hinsicht den Erwartungen, die man bei der Autorschaft Loenings haben darf, und zwar nicht nur inhaltlich, sondern auch in der lichtvollen Klarheit, mit der die teilweise gar nicht einfachen Fragen vorgetragen werden. Sie bietet so einen der wertvollsten Beiträge zur preußischen Staats- und Rechtsgeschichte, aber auch zum Verständnis des heutigen Rechtszustands. Vielleicht darf man hoffen, daß die Schrift manchem „modernen" Verwaltungsrechtler zeigt, welche Theorien er vertritt.

Charlottenburg. Privatdozent Dr. Waldecker.

Literatur zum Preußischen Wassergesetz.

5. Grundriß des preuß. Wasserrechts. Systematische Einführung in das Wasserrecht, Mühlenrecht, Heilquellenrecht und Bergwasserrecht Preußens. Von A. Klöß. 143 S. Halle 1913 (Wilhelm Knapp). 4.80 Mk.
6. Leitfaden des Preuß. Wasserrechts nebst Text des Wassergesetzes. Von Justizrat Baumert. 276 S. Halle 1914 (Wilhelm Knapp). 6.80 Mk.
7. Das Preuß. Wassergesetz vom 7. April 1913 nebst Ausführungsverordnungen. Erläutert von Geh. Oberregierungsrat Dr. Holtz und Regierungsrat Dr. Kreutz. Bd. 1. 723 S. Berlin 1914 (Carl Heymanns Verlag). 17 Mk.
8. Preuß. Wassergesetz vom 7. April 1913. Mit Kommentar und den Ausführungsverordnungen. Von Landrichter A. Lenhard und Amtsrichter Dr. Reichau. Lieferung 1 und 2. 326 S. Berlin 1914 (Franz Siemenroth). 40 Pfg pro Bogen (vollständig in 40—50 Bogen).

I. Sensation und Aktualität sind anscheinend notwendige Requisiten des modernen Buchvertriebs. Leider sind sie auch in die juristische Literatur eingedrungen. Eine Textausgabe unmittelbar nach dem Erscheinen eines wichtigeren Gesetzes herauszubringen, genügt anscheinend nicht mehr, es muß schon ein Kommentar, mindestens aber ein Grundriß unmittelbar nach dem Erscheinen des Gesetzes auf den Markt geworfen werden können. Es handelt sich aber regelmäßig nur um auf Grund der Materialien mehr oder weniger sorgfältig ausgearbeitete Eselsbrücken, die der Käufer meist enttäuscht wieder zur Seite legen wird, da sie außer dem reinen Gesetzestext und einigen belanglosen Bemerkungen nichts zu besagen pflegen. Der Wissenschaft wird jedenfalls durch solche überhasteten Publikationen kein Dienst geleistet.

In diese Rubrik gehört der „Grundriß“ von Klöß. Betrachten wir folgende Daten: Das Gesetz datiert vom 7. und ist ausgegeben am 22. April; das Vorwort des Grundrisses datiert aber schon vom 10. April 1913. Die Folge ist, daß im Text des Grundrisses das Datum des Gesetzes fehlt, und erst hintendrein als „Berichtigung“ gebracht werden kann!! Sodann enthält das Gesetz in der amtlichen Ausgabe 128, der Grundriß (ohne die Einleitung und die besonderen Kapitel) 126 Seiten. Danach liegt es auf der Hand, daß der einfache Gesetzestext einen sehr breiten Raum einnehmen wird. Tatsächlich bringen denn auch ganze Kapitel reinen Gesetzestext, ja es fallen sogar Stellen auf, wo Verweisungen auf andere Paragraphen aus dem Gesetz mit abgedruckt sind, von denen aber in dem betr. Kapitel mit keinem Wort die Rede ist, so daß der Leser in Ermangelung einer aufklärenden Bemerkung einfach vor einem Rätsel steht (vgl. z. B. S. 91). Die Eile der Herausgabe scheint außerdem auf Kosten einer ordnungsmäßigen Zitierweise gegangen zu sein, insofern Zitate sich auf Vor- und Zunamen beschränken, ohne daß man erfährt, um welche Schrift es sich handelt (vgl. z. B. S. 25 N. 1), ebenso auf Kosten einer ordnungsmäßigen Korrektur. Es finden sich wenigstens außer den am Schluß berichtigten eine Menge sonstiger störender Satz- und Druckfehler (vgl. z. B. S. 9 oben Zeile 2).

Was den Inhalt des „Grundrisses“ anlangt, so knüpft er nach dem Vorwort an des Verf. „Deutsches Wasserrecht“ (1908) an. Die Einleitung bringt eine kurze historische Übersicht der Entwickelung des preußischen Wasserrechts und der fast ein Jahrhundert alten Bestrebungen, für ganz Preußen zu einem einheitlichen Wasserrecht zu gelangen. Ebenso wird jeweils bei den wichtigeren einzelnen Materien eine geschichtliche Einleitung gegeben, gelegentlich findet sich auch ein kurzer Verweis auf die anderen in der letzten Zeit geordneten deutschen Wasserrechte.

Der eigentliche Inhalt bringt im Abschnitt „Wasserrecht" im großen Ganzen nicht mehr als den Text des Wassergesetzes, während in den beiden Anhangsparagraphen die Bestimmungen des Quellenschutzgesetzes vom 14. Mai 1908 und die des Allg. Berggesetzes von 1865 wiedergegeben werden. Infolge der überhasteten Veröffentlichung sind die wenigen wirklich beachtlichen Ausführungen des Verf. anscheinend widersprechend, mindestens nicht ausreichend ausgefallen.

II. Einen anderen Typus moderner „juristischer" Literatur stellt der Baumertsche Leitfaden dar. Praktiker, die bei dem Zustandekommen des Gesetzes mehr oder weniger aktiv beteiligt waren, lassen eine Monographie oder einen Kommentar herauskommen. Meist gehören diese Schriften zur vorigen Kategorie. Mitunter lassen sie sich aber auch Zeit, wie der vorl. Leitfaden, wodurch sie nur gewinnen können. Hohe wissenschaftliche Anforderungen darf man allerdings auch dann noch nicht stellen, braucht es auch nicht, da es sich um ein „vom Praktiker für die Praxis" geschriebenes Buch handelt. Wissenschaftliche Fragen werden daher allenfalls angedeutet, nicht aber beantwortet. Aber auch die Fragen der Praxis kommen vielfach zu kurz. Ebenso finden sich mitunter eigenartige Ansichten und Wendungen; für letzteres ein paar Beispiele: Für Baumert ist die „polizeiliche Gestattung" (vgl. dazu unten im Text) etwas „ganz neues in unserem Recht" (S. 74). S. 114 heißt es: „wie ein Jurist mir hervorhob" (!). S. 44 wird die „schädliche" Zurückleitungspflicht besprochen, dabei durch „nämlich" zwei nebeneinanderstehende, sich nicht bedingende Gesichtspunkte verbunden, und schließlich „auch in diesen Fällen" nachgewiesen, daß die Eingangsbehauptung nicht so ernst zu nehmen ist.

Anzuerkennen ist die im großen Ganzen nicht ungeschickte Anlage, wenn ja auch manches besser hätte sich einordnen lassen; so ist die Frage Gestattung — Genehmigung — Verleihung nicht weniger als dreimal behandelt. Der Gesetzestext erscheint jedoch äußerlich getrennt. Im eigentlichen Leitfaden kann so auf 146 Seiten eine wirkliche Übersicht über den Gesetzesinhalt gegeben werden, und zwar in selbständiger Bearbeitung und unter Hervorhebung der wichtigsten Gesichtspunkte, so daß tatsächlich die Möglichkeit besteht, nach verständnisvoller Durcharbeitung des Leitfadens das Gesetz zu erfassen. Aber nicht für „jedermann", wie Verf. meint, sondern nur für den, der im öffentlichen Recht genügend Bescheid weiß. Für den Laien sind dagegen die grundlegenden Fragen nicht genügend weitgehend herangezogen, und soweit sie es sind, erörtert. Wer aber schon Bescheid weiß, der wird des Leitfadens nicht bedürfen.

III. Turmhoch über diesen beiden Publikationen stehen die beiden Kommentare, die uns zur Besprechung vorliegen. Nicht wegen des räumlichen Umfangs; ein Grundriß oder Leitfaden kann selbstredend räumlich nicht mit einem großen Kommentar verglichen werden. Wohl aber können sie bei genügender Durcharbeitung inhaltlich recht wohl in Konkurrenz treten, vorausgesetzt, daß sie eben gehaltvoller sind, als die beiden vorigen Schriften.

1. Der Kommentar von Holtz-Kreutz gehört im Sinne der Kormannschen Einteilung (Bd. 51 S. 90ff. d. Ztschr.) zu den kompilatorischen Kommentaren. Die beiden Bearbeiter waren an dem Zustandekommen des Gesetzes in hervorragendem Maße beteiligt, wie sie in der Vorrede bemerken, und zwar auf der Regierungsseite. Sie stellen sich demgemäß durchgängig auf den Standpunkt der Begründung bzw. Materialien, aus denen heraus das Gesetz erwachsen ist. Die Materialien und die seitherige Rechtsprechung sind dementsprechend in weitgehendem Maße der Darstellung zugrunde

gelegt. Daneben ist anzuerkennen, daß auf Grund eben der speziellen Sachkunde der Verf. die Tragweite der einzelnen Bestimmungen eine eingehende Erörterung erfährt. So wird dieser Kommentar ein äußerst wertvolles Hilfsmittel für die Praxis werden, mindestens in der ersten Zeit. Diese Brauchbarkeit ist noch dadurch erhöht, daß eine kurze Einleitung und ein ausführliches Sachregister, bereits zum ersten Band, beigegeben ist.

Eine andere Frage ist allerdings, ob dieser kompilatorische Aufbau, der sich ganz auf die Materialien stützt, den Anforderungen genügt, die die Wissenschaft stellen muß. Es ist zwar rückhaltlos anzuerkennen, daß die Verf. bemüht gewesen sind, nach vorgängiger Erörterung der allgemeinen Richtlinien die Einzelerörterung auf alle Einzelheiten abzustellen, an die sie gedacht haben, und das sind bei ihrer umfassenden Kenntnis der Materie, sowie dem Umfang der ihnen zur Verfügung stehenden Hilfsmittel nicht wenige. Nach dieser Seite geht das Bedenken auch weniger, als dahin, ob nicht der Standpunkt zu einseitig eingenommen, der Frage zu wenig Aufmerksamkeit zugewandt ist, inwieweit denn auch wirklich dem amtlich eingenommenen Standpunkt eine innere Berechtigung zukommt. Da die Verf. in ihrem Kommentar nicht den amtlichen, sondern ihren eigenen Standpunkt vertreten, so hätte man solche Erörterungen immerhin einflechten können und sollen. Sie verbieten sich auch nicht dadurch, daß das Gesetz auf den Ansichten der Materialien beruht. Tatsächlich bieten die Materialien doch auch nicht mehr, als eine Ansicht über das, was im Gesetz stehen soll, wobei es noch lange nicht gesagt ist, ob es auch wirklich so im Gesetz steht, oder ob nicht eine andre Ansicht dem Gesetz mindestens ebenso oder besser gerecht wird. Und eine solche Erörterung ist der beste Prüfstein dafür, inwieweit andere Fragen in die Erörterung einzubeziehen sind, auf die man vielleicht gar nicht kommt, wenn man den amtlichen Standpunkt einfach weiterentwickelt. Gerade eine solche Prüfung verlangt aber die Wissenschaft.

2. Der Kommentar von Lenhard-Reichau, der ohne ein Wort der Empfehlung medias in res geht und auf S. 1 sofort mit der Erläuterung von § 1 beginnt, hat ganz andere Vorzüge. Hier waltet die Hand des von der Vorgeschichte gänzlich unberührten Bearbeiters, nicht die des retrospektiv sein Werk überblickenden Baumeisters. Systematisch gehen die Verf. zu Werke. Das Schwergewicht liegt nicht in der Zusammentragung und Zusammenfassung von tausend Einzelheiten, sondern in der Gesamtorientierung, sowohl hinsichtlich der einzelnen Abschnitte, wie der einzelnen Paragraphe. Darüber sind jedoch die Einzelheiten durchaus nicht vernachlässigt.

Entsprechend dieser Anlage haben hier die Ausführungen der Materialien ganz richtig nur die Bedeutung einer Meinungsäußerung, der die Bearbeiter gegebenenfalls die ihrige gegenüberstellen, ohne allerdings die Bedeutung der in den Materialien niedergelegten Ansichten zu verkennen. Aber man erkennt die selbständige Durchdringung des Stoffes, der demgemäß hier nicht dominiert, sondern beherrscht und in den engen Grenzen des zum Verständnis Erforderlichen vorgetragen wird. Auf diese Weise sind die Bearbeiter in der Lage, auf weit geringerem Raum inhaltlich zwar nicht ebensoviele multa, wie der vorige Kommentar, aber ein ebensolches multum zur Darstellung zu bringen, wobei sich ihre Darstellung außerdem durch eine weit klarere Anordnung des Stoffes und übersichtlicheren Druck vorteilhaft unterscheidet.

Demgegenüber hat es wenig zu besagen, wenn die selbständig gesuchte Lösung der Verf. in der einen oder anderen Frage unbefriedigend oder gar überhaupt abzulehnen ist. Worauf es ankommt, ist der entschieden als geglückt zu bezeichnende Versuch, das neue Recht selbständig systematisch zu durchdringen und darauf die Darstellung aufzubauen. Schon dieser Umstand bürgt dafür, daß der Kommentar, mindestens bei Wissenschaft und Rechtsprechung Anerkennung finden wird, wie er auch für die spätere Weiterführung einen recht gesunden Kern in sich trägt, einen besseren Kern als der vorige Kommentar, dessen Bedeutung allerdings auf ganz anderem Gebiet liegt und in seiner Art auch durchaus nicht bestritten werden soll.

IV. Wenn irgendwo, so ist im Wasserrecht Gelegenheit, mit den überkommenen individualrechtlichen Anschauungen und Konstruktionen aufzuräumen. Wie in der Kommission des preußischen Abgeordnetenhauses seitens eines Regierungsvertreters zutreffend ausgeführt wurde, stellt das Wasser ein Stück Nationalvermögen dar, und zwar von einer Bedeutung wie so leicht kein anderes. Man denke nicht nur an die Benutzung für die Schiffahrt und die Dienste, die das Wasser der Industrie leistet, an die Wasserversorgung der Städte, an die Bedeutung von Heilquellen u. dgl., sondern an den Einfluß jeder einzelnen Wasserwirtschaft auf die Grundwasserverhältnisse, deren gleichmäßige Erhaltung oder Verschiebung gleichbedeutend von weittragendem Einfluß auf die gesamten klimatischen und Vegetationsverhältnisse ist. Die individualistische Auffassung hat hier schwere Unterlassungssünden begangen, die die neueren Wassergesetze nur zum Teil wieder gut zu machen bemüht waren. Durchgängig halten sie an der individualistisch-privatrechtlichen Auffassung fest, Ausgangspunkt ist überall das private Eigentums- und Benutzungsrecht, das sich im öffentlichen Interesse die verschiedensten Beschränkungen gefallen lassen muß. Überall aber erstreckt sich die Ausschließlichkeit des Eigentums und der daraus fließenden Rechte auf das unter dem Einzelgrundstück befindliche Wasser, das damit der ausschließlichen Verfügung des Eigentümers unterliegt und ihm ohne das Grundstück gegen seinen Willen nicht genommen werden kann.

Das preußische Wassergesetz bedeutet hier einen tüchtigen Schritt vorwärts, wenn auch seine Lösung des Problems alles andere als glücklich ist, sofern man bei der in der Begründung des Gesetzes vertretenen Auffassung und den sich daraus ergebenden Folgerungen bleibt. Es geht zunächst von der herkömmlichen Unterscheidung zwischen öffentlichen und privaten Gewässern ab und teilt ein in Wasserläufe, die wieder je nach ihrer Bedeutung in solche 1., 2. oder 3. Ordnung zerfallen, und Nichtwasserläufe; zu letzteren gehören alle geschlossenen Gewässer, sowie die unterirdischen Wasserläufe, soweit sie nicht versunkene Teile oberirdischer Wasserläufe sind. Die Einteilung der Wasserläufe ist von Bedeutung in erster Linie für die Unterhaltungspflicht, die bei der 1. Ordnung dem Staat, bei der 2. Ordnung Wassergenossenschaften und der 3. Ordnung (sowie bei künstlichen Wasserläufen) dem Anlieger obliegt.

Nach den Materialien hält nun das Gesetz an der individualistischen Auffassung fest, wonach an Wasserläufen 1. Ordnung (regelsweise) der Staat, solchen 2. und 3. Ordnung, sowie Seen der Anlieger „Eigentum" haben soll, wobei die Vorstellung von Bett und fließendem Wasser als eines unteilbaren Ganzen waltet. Aber dieses „Privateigentum" ist gar nicht als Eigentum i. S. der §§ 903ff. BGB. gedacht, sondern Eigentumsrecht soll nur insoweit gelten, als dies nach Lage der Verhältnisse möglich ist, wie dies auch schon für das seither geltende Recht und nach dem Privatflußgesetz von 1843 der Fall war (Ob.-Trib. 75/18, ähnlich nach der Begr. S. 11 auch OVG. gegen RG.). Man ist sich also darüber im klaren, daß es sich höchstens um ein eigentumsähnliches Recht handeln kann, auf das sich ähnlich wie auf das Bergwerkseigentum nur die Vorschriften über das privatrechtliche Eigentum *entsprechend* anwenden lassen, wobei die Frage ob ein öffentliches oder ein privates (Aneignungs- oder Nutzungs-) Recht vorliegt, dahingestellt bleiben kann, solange es — wie dies ja auch im Bergrecht vorkommt — mit dem Eigentum am Grund und Boden vereinigt ist, um aber sofort aufzutauchen, wenn es getrennt ist.

Die Materialien bekennen sich nun durchaus zu der privatrechtlichen Konstruktion dieses Rechts, das „Privateigentum" des Gesetzes entspreche im wesentlichen den §§ 903 ff. BGB. mit der Maßgabe, daß die gesetzlichen Beschränkungen des Eigentums sowie die Beschränkungen im Interesse des Gemeingebrauchs einen bedeutend weiteren Umfang haben als bei den sonstigen Gegenständen des Privateigentums. Dieses Privateigentum unterscheide sich praktisch auch nicht von dem landrechtlichen Gemeineigentum des Staates an den Strömen und Häfen (ALR. II 14 §§ 25 und 29), da das gemeine Eigentum ebenso wie das besondere Eigentum des Staates veräußerlich sei; ebenso könne der Staat schon heute über die Nutzungen an den Strömen gemäß ALR. II 13 § 1 und II 14 § 24 verfügen (vgl. Drucks. des AH. 1912/13 Bd. 7 Nr. 611 A S. 4362). Im Herrenhaus bekannte man sich noch schärfer zur privatrechtlichen Eigentumstheorie: Gegenstand des Eigentums sei die jeweilige wechselnde Wassermasse innerhalb des Raumes über dem Flußbett (Drucks. des HH. Nr. 209 A S. 15).

1. Für Holtz-Kreutz S. 45 ff. ist damit der Fall erledigt; es ist die Auffassung des Gesetzes, und das genügt. Ähnlich begnügt sich damit Baumert S. 36 ff., obwohl er auf das Unzulängliche dieser Auffassung hinweist. Mit Recht machen Klöß und Lenhard-Reichau gegen diese Auffassung Front. Dabei kommen aber beide von der rein privatrechtlichen Vorstellung nicht los.

a) Für Klöß ist „Eigentum" nur denkbar am Bett und Ufer, sowie dem „unfreien", d. h. angeeigneten Wasser, nicht dagegen an der fließenden Welle. Deshalb ist ihm S. 10 das „Eigentum" nur „eine Bezeichnung des Eigentums am Wasserbett und Ufer als Nutzungsberechtigung am Wasser". S. 24

erklärt er die Rechte des Eigentümers für eine einheitliche Gesamtsache, bestehend aus der Verbindung einer verkehrsunfähigen beweglichen Sache (der fließenden Welle) mit einer unbeweglichen Sache (dem Wassergrundstück), welche Gesamtsache vielfach wesentlicher Bestandteil des Anliegergrundstücks, mitunter aber auch eine selbständige Sache sei. Danach läge also das Verhältnis so, daß der an der Gesamtsache Berechtigte alle anderen Personen ausschließt, wobei er nur durch den Gemeingebrauch und die öffentliche Benutzung eingeengt wäre.

b) Genau umgekehrt ist für Lenhard-Reichau S. 24 ff. an der fließenden Welle nur ein aus dem Privateigentum am Bett abzuleitendes Verfügungsrecht über den darüber befindlichen Raum (§ 905 BGB.) denkbar. Sie können sich dabei auf die seitherige Rechtsprechung stützen, die von den Materialien und Holtz-Kreutz mißverstanden worden zu sein scheint. S. 28 wird jedoch der Wasserlauf 2. und 3. Ordnung im Regelfall als unwesentlicher Bestandteil des Anliegergrundstücks angesehen (ebenso Holtz-Kreutz S. 61).

2. Es fragt sich aber doch, ob der privatrechtlichen Konstruktion der Materialien gefolgt, und ob überhaupt das Rechtsverhältnis, das Privateigentum sein soll, aber keines ist, privatrechtlich aufgefaßt werden darf; denn dem Gesetz ist der Grundgedanke einverwoben, daß hier das Recht des Einzelnen sich dem höheren Gesamtinteresse unterzuordnen habe, was ja auch nach der Sachlage der einzig richtige Ausgangspunkt ist, soll nicht wieder einmal über der naturrechtlichen Vorstellung von den „wohlerworbenen Privatrechten" die Gesamtheit zu kurz kommen. Es ist weiter nichts als ein Zeichen von Schwäche oder auch mangelnder Erkenntnis, wenn immer wieder der privatrechtliche Ausgangspunkt vorgeschoben wird. Der Zivilrichter brauchte mit der rein öffentlichrechtlichen Konstruktion noch nicht ausgeschaltet zu werden, wenn man seiner nicht entbehren zu können glaubte.

Der Fall liegt doch tatsächlich gerade umgekehrt. Das „Eigentum", das keines ist und nur soweit angängig wie ein solches behandelt werden soll, ist aller Enden derart beschränkt, daß in Wirklichkeit ein Gesamtrecht vorliegt, das zunächst der Staat in Anspruch nimmt und in beschränktem Umfang dem Einzelnen zur ausschließlichen Ausübung zuweist, und dies wieder teils unmittelbar kraft Gesetzes, nämlich dort, wo von den Rechten und Pflichten der Anlieger die Rede ist, teils durch Verleihung, unbeschadet der sonst bestehenden Rechte. Überall ist für das Einzelrecht nur soweit Raum, als nicht das Interesse der Gesamtheit, unmittelbare Rechte des Staates wie der Gemeingebrauch dies zulassen, welch letzterer im Gesetz eine eingehende Umschreibung erfährt. Diese Anschauung liegt auch offensichtlich den Ausführungen bei Klöß S. 25 zugrunde, wo er für das „gemeine Wasser" mit Rücksicht auf den Gemeingebrauch auch dem Staat das private Eigentum an der fließenden Welle bestreitet, wofür er das Wort „Gemeintumsrecht" setzt. Warum soll es aber ein Unterschied sein, wenn nicht der Staat, sondern ein Einzelner durch den Gemeingebrauch beschränkt wird? Nun nehme man die weitgehenden Eingriffe in das echte private Grundeigentum in den §§ 200 ff., wonach der Eigentümer nicht zum Schaden anderer auf die unterirdischen Gewässer unter seinem Grundstück einwirken darf, die Zwangsrechte der §§ 330 ff., die Möglichkeit der zwangsweisen Organisation der Anlieger in den §§ 245 ff. den Grundsatz der „Billigkeit" hinsichtlich zu gewährender Entschädigungen (z. B. §§ 45, 100), die weitgehenden Befugnisse der Wasserpolizeibehörden — kurz das Streben ist unverkennbar, das Wasserrecht auf neuer Grundlage aufzubauen, ohne dabei allerdings — und das mit Recht — der Lehre Otto Mayers vom öffentlichen Eigentum zu folgen. Es liegt eben eine jener häufigen Erscheinungen vor, die sich in die hergebrachte Schablone nicht pressen lassen, die einerseits und zunächst öffentlichrechtlich sind, dabei aber sich in vielfacher Hinsicht mit dem Privatrecht berühren, ja sogar echte Privatrechte zur Entstehung gelangen lassen. Es sei hier außer den sehr nahe verwandten Verhältnissen des Bergrechts, das „dem öffentlichen und dem Privatrecht angehört" (Meyer-Dochow, Verwaltungsrecht 4. Aufl. S. 260), die Arbeiterschutzgesetzgebung genannt, deren Normen teils reines öffentliches Recht, teils zwingende Vorschriften des Arbeitsvertragsrechts enthalten (Kaskel in der Berliner Festgabe für Brunner 1914), die heute noch nicht endgültig geklärte Stellung von Reichspost und -Telegraphie, das Recht der öffentlichen Wege usw.

Ganz ebenso ist das Verhältnis hier. Das Recht am Wasser und am Wasserlauf wird vom öffentlichen Recht geordnet zunächst unbeschadet der privaten Eigentumsverhältnisse am Bodengrundstück; öffentlichrechtlich ist also die Frage des Nutzungsrechts, der Uferunterhaltung, der Reinhaltung usw., die nur indirekt mit dem Eigentum an Bett und Ufer zu tun haben. Aber gleichzeitig sind diese privaten Eigentumsverhältnisse selbst neu geordnet. Sieht man näher zu, dann findet man sogar, daß, wenigstens bei Wasserläufen, auch dieses anscheinend echte Eigentum wenig mit dem Eigentumsbegriff des BGB. gemein hat. Es erschöpft sich in Rechten, die ebensogut auch ohne dieses Eigentum bestehen können, und Pflichten, die mindestens stark öffentlichrechtlich aussehen, wie die Unterhaltung usw. Insoweit braucht man also zu dem Eigentumsbegriff seine Zuflucht nicht zu nehmen, wie ja auch Baumert S. 41 die Frage aufwirft, welche Rechte denn gerade der „Eigentümer" habe. Ebensowenig war es nötig, den Anspruch etwa auf aus dem Wasserlauf gewonnenen Dung oder die insula in flumine nata als Folge des „Eigentums" am Wasserlauf zu konstruieren.

a) Eigenartig ist für die Konstruktion als Eigentum das Ergebnis, daß der Wasserlauf 2. und 3. Ordnung, d. h. die unbestritten aus Bett und Welle bestehende Einheit, bald (wesentlicher oder unwesentlicher?, vgl. oben 1a und b) Bestandteil des Anliegergrundstücks (§ 8), bald selbständige Sache sein soll, welch letztere dann wieder wie ein Grundstück behandelt wird (§ 13). Die privatrechtliche Vorstellungsweise paßt hier schlecht (vgl. die Konstruktionen bei Holtz-Kreutz S. 61 und Lenhard-Reichau S. 26 ff.). Eine Sache kann Bestandteil sein oder dazu gemacht werden. Auch wird für gewöhnlich die Frage, ob Bestandteil oder nicht, nach den Umständen des Falles zu entscheiden sein. Hier macht es das Gesetz umgekehrt, indem es erst das Recht des „Eigentümers" am Wasserlauf feststellt, wobei es für unsern Fall den Anlieger zum Eigentümer beruft, um dann im gleichen Atem die Bestandteilsqualität auszusprechen. Tatsächlich ist die Sache wohl so gemeint, daß ernstlich eine selbständige Sache vorliegt, die allerdings zeitweilig als Bestandteil behandelt werden soll, so daß also das Eigentum am Wasserlauf ein subjektiv-dingliches Recht des Anliegers wäre, das selbständig übertragbar ist.

Nach der hier vertretenen Ansicht löst sich die Schwierigkeit zwanglos dahin, daß das Gesetz dem Eigentümer ein Nutzungsrecht zuweist, das es „Eigentum" nennt; und dieses Recht kann dann allerdings gleichzeitig zum (unwesentlichen) Bestandteil des Anliegergrundstücks erklärt werden.

b) Das Recht auf die Wasserkraft, d. h. die in der fließenden Welle liegende Energie, hat weder etwas mit der fließenden Welle, der Denkbarkeit eines Eigentums daran oder einem Aneignungsrecht zu tun, wie Klöß S. 36 will, sondern ist ausschließlich die Folge des „Benutzungsrechts des Eigentümers" des Wasserlaufs, der nach § 40 Abs. 2 das „Wasser gebrauchen und verbrauchen" kann, was ein Dritter nur kraft staatlicher Verleihung vermag (§ 46). In dem Benutzungsrecht liegt auch das Recht auf Nutzbarmachung der Energie der fließenden Welle, ist doch ausdrücklich ein Fall dieser Nutzbarmachung in Gestalt der besonderen Zu- und Ableitung vorgesehen. Hat aber der Eigentümer dieses Recht, so unterliegt es auch seiner Verfügung, er kann es Dritten zur Ausübung verpachten oder unentgeltlich überlassen, was Klöß S. 55 und 78/79 unter nichterläuterter Preisgabe seines früheren Standpunktes ebenfalls lehrt.

Die Frage ist nur, wie kommt der Eigentümer zu diesem Nutzungsrecht, ist es, wie Lenhard-Reichau und Holtz-Kreutz wollen, lediglich die Folge der Tatsache seines Eigentums, so daß er schon kraft dessen mit dem Wasserlauf schalten und walten kann, wie er will, so daß sogar der Gemeingebrauch soll zurückstehen müssen (H.-K. S. 174, L.-R. S. 119)?

Die Antwort geben uns die §§ 46 ff., wonach dieselben Rechte, die „insbesondere" aus dem Eigentum fließen, und noch einige andere, als Sondernutzungsrechte verliehen werden können, was nur aus ganz bestimmten Gründen versagt werden darf. Aber eine „Verleihung wird nicht erteilt, wenn sich diese Rechte aus anderen Bestimmungen ergeben". Ebenso kann diese verliehene Berechtigung mit dem Eigentum an einem Grundstück verbunden werden.

Haben wir da nicht das als Folge des Eigentums konstruierte Nutzungsrecht als einfache Folge der Zuweisung dieser Rechte schon kraft Gesetzes in der gesetzlichen Gestalt an den „Eigentümer", der demgemäß innerhalb dieses Rahmens keine Verleihung mehr beantragen kann? Genau so wie bei spezieller Verleihung zu subjektiv-dinglichem Recht im Falle des Wechsels des Eigentums das Recht jeweils wieder unmittelbar aus dem Gesetz folgt?[1])

Macht man sich das klar, so kommt aber für den Eigentümer eine Verleihung nach §§ 46 ff. überhaupt nicht in Frage. Die Verleihung bedingt eine Beeinträchtigung seines Rechts,

[1]) Eine scheinbare Anomalie bedeutet allerdings § 81 Abs. 2, wonach das subjektiv-dinglich verliehene Nutzungsrecht nicht von dem Eigentum am berechtigten Grundstück getrennt werden kann, also wesentlicher Bestandteil desselben wäre. Dabei ist aber zu beachten, daß hier ein minus stattfindet, eine Beschränkung primär verliehener Rechte, daher im Interesse des Erstberechtigten ein Dauerzustand herbeigeführt werden soll.

das ihm aber bereits im Umfange des Eigentumsrechts des BGB. gesetzlich delegiert ist, vorbehaltlich der gesetzlichen Beschränkungen. Demgegenüber nehmen Baumert (S. 41, ohne Begründung), H.-K. S. 266, insoweit als der Eigentümer die ihm in den §§ 41 ff. gezogenen Schranken übersteigen will, und L.-R. S. 155 gar schlechthin nach Art einer Eigentümerhypothek eine Verleihung auch an den Eigentümer an.

3. So verstanden, gewinnt die Frage des wasserrechtlichen Verleihungsverfahrens ein besonderes Gesicht. Es besteht Einstimmigkeit darüber, daß es Privatrechte begründet (H.-K. S. 266, L.-R. S. 153, Klöß S. 15), wobei es ausdrücklich mit dem Genehmigungsverfahren der GewO. in Gegensatz gestellt wird. Dabei wird von H.-K. und L.-R. auf § 81 verwiesen, der das verliehene Recht im ordentlichen Rechtsweg schützt, wobei die Vorschriften über die Ansprüche aus dem Eigentum anzuwenden sind. Ebensogut kann man aber auch sagen, bei der nicht feststehenden Abgrenzung der Kompetenzen sei diese Bestimmung notwendig gewesen, weil eben an sich der Natur der Sache nach das Verhältnis anders liegt. Denn auch wenn das Recht des Beliehenen auf die Regalität zurückgeht (Baumert S. 59) und ausschließlich ist, braucht es noch kein Privatrecht zu sein.

Das Verfahren ähnelt sehr dem Genehmigungsverfahren nach der GewO., selbst der § 51 GewO. findet sich inhaltlich wieder. Die Wirkungen der Verleihung sind trotzdem anders. Schon rein äußerlich spricht das Gesetz von einer „Verleihung", in anderen Fällen dagegen von einer „Genehmigung", um in wieder anderen Fällen (§ 23: Verunreinigung) von einem behördlichen Verbietungsrecht zu handeln (aus welch letzterem Baumert S. 55 ff. eine positive „Gestattung" macht; in Frage kommt jedoch allenfalls nur eine jederzeit frei widerrufliche „Zulassung", gegebenenfalls eine „Gestattung nach §§ 15—25 GewO."). Offensichtlich geht die Genehmigung nicht soweit wie die Verleihung; letztere wirkt vielmehr wie die Verleihung des

Bergwerkeigentums, der Fähr- und Mühlenberechtigung usw. rechtsbegründend, und zwar nicht etwa im Sinne der Wiederherstellung einer ursprünglichen Handlungsfreiheit, wie Laband für die Gewerbekonzession gegen Rehm annimmt. Solche Rechte können aber nicht aus dem Nichts entstehen; sie müssen schon vorher irgendwie dagewesen sein.

Wir finden die Lösung, wenn wir der von Klöß S. 59 kurzerhand bejahten (sonst anscheinend nicht behandelten) Frage näher treten, ob sich auch der Staat dem Verleihungsverfahren zu unterwerfen hat, wie dies ja für das Genehmigungsverfahren der §§ 16 ff. GewO. angenommen wird. Wenn man mit der „Tendenz" des Gesetzes operiert und obendrein noch mit Privatrechten, dann wird man allerdings ohne große Überlegungen stets auch den Staat diesen Bestimmungen unterwerfen. Man könnte dabei noch auf die Tatsache hinweisen, daß auch der Staat die Verleihung eines Bergwerkseigentums nachsucht; dabei darf aber andrerseits das preuß. Gesetz vom 18. Juni 1907 nicht übersehen werden, wonach in beschränktem Umfang das Ausschließlichkeitsrecht des Staats nach ALR. II 16 §§ 69 ff. wiederhergestellt ist. Die Lösung dürfte im Sinne der hier vertretenen Ansicht in der Richtung zu suchen sein, daß der Staat zunächst für sich die ausschließliche Disposition über die als Eigentumsrechte bezeichneten Nutzungs- usw. Rechte am Wasserlauf vorbehalten hat; von dieser Dispositionsbefugnis ist bereits im Gesetz Gebrauch gemacht, wodurch gewisse Ausschließlichkeitsbefugnisse (öffentlicher oder privater Natur) entstanden sind, die der Staat aber wieder durch rechtsetzenden, in seinen Voraussetzungen formell geregelten Verwaltungsakt beschränken kann. Danach würde also allerdings auch der Staat den „Verleihungsantrag" stellen müssen, wenn er in fremden Gewässern für sich Benutzungsrechte haben will. Von einer Erweiterung seiner Befugnisse in eigenen Gewässern durch Verleihung ist dabei keine Rede, die übrigens auch nach dem Gesetzestext schon inhaltlich nicht leicht zu konstruieren sein dürfte. Zu beachten ist aber in jedem Fall, daß eine ausdrückliche Anwendung der Verleihungsparagraphe auf den Staat nicht vorgeschrieben ist und anscheinend nur aus dem privaten Eigentumsbegriff abgeleitet wird. Entfällt dieser, so ist auch die Verleihung unter neue Gesichtspunkte gestellt.

4. Eine weitere hierher gehörende Frage ist die nach dem Verhältnis der allgemeinen polizeilichen Grundsätze auf das Wasserrecht, die weder für Klöß noch für Baumert vorhanden zu sein scheint, die nur von Wasserpolizei sprechen und lediglich auf das Wassergesetz zurückgreifen, obwohl § 352 ausdrücklich die Rechte der Wasserpolizei gemäß ALR. II 17 § 10 usw. unberührt läßt. H.-K. S. 138 ff. und L.-R. S. 74 befassen sich eingehender mit dieser Frage; sie weisen zutreffend auf die Erweiterung der Befugnisse der Polizei hin, deren Einschreiten hier schon in privatem Interesse geschehen kann. Ebenso verweisen sie darauf, daß die hinsichtlich des § 51 GewO. bestehende Kontroverse hier nicht auftauchen könne, da im Verleihungsverfahren bereits alle polizeilichen Gesichtspunkte erschöpfend und abschließend erledigt würden.

Aber damit ist es nicht getan. Die erste Frage geht dahin, ob das Gesetz unter „Wasserpolizei" schlechthin alle polizeilichen Funktionen begreift. Es fällt auf, daß der entscheidende § 21 nur zu einem polizeilichen Einschreiten ermächtigt, aber nicht, wie aus ALR. II 17 § 10 folgt, verpflichtet. Hier liegt doch ein offensichtlicher Widerstreit vor. H.-K. meinen S. 141, wenn die Wasserpolizei nicht einschreiten wollte, müßten die Beteiligten „ihre Rechte selbst wahrnehmen. Gegen eine unerlaubte Benutzung, die den öffentlichen Rechten widerspricht, wird sie allerdings stets einzuschreiten haben". Demnach müssen sie also annehmen, ähnlich offenbar auch L.-R., daß die Funktionen der Polizei nur durch die Wasserpolizeibehörden wahrgenommen werden; ausgesprochen wird das allerdings nicht ausdrücklich. So wünschenswert einerseits eine solche Begrenzung erscheint, glaube ich doch nicht, daß sich andrerseits die Praxis damit zufrieden geben wird. Nehmen wir an, die Wasserpolizei sei einer anderen Stelle als der Ortspolizeibehörde übertragen; diese kann damit für ihre sicherheitspolizeilichen Funktionen doch nicht schlechthin ausgeschaltet sein, selbst nicht bei genehmigten oder „verliehenen" Anlagen. Was der Wasserpolizei recht ist, und sie daher nicht zum Einschreiten veranlaßt, braucht der Sicherheitspolizei noch lange nicht recht zu sein, z. B. eine Verunreinigung, eine Brunnen- oder Teichanlage. Und gerade aus dieser Konkurrenz verschiedener polizeilicher Funktionen ist ja der Streit um § 51 GewO. entstanden, indem die Sicherheitspolizei („Polizei" schlechthin) in der Handhabung der genehmigten Anlage einen „polizeiwidrigen" Zustand erblickte. Der „Notstand", auf den H.-K. S. 140 hier hinweisen, wird der Polizei kaum genügen. Und wie soll es bei einer Trennung zwischen Orts- und Wasserpolizeibehörde im Falle eines Notfalles sein, kann erstere dann kraft eigenen Rechts eingreifen, darf sie es nicht?

Kurz, diese wenigen Hinweise zeigen, daß die vorl. Einführungen in die Materie noch manches zu wünschen übrig lassen. Was den Wert der Einführungen selbst anlangt, so ist oben bereits das Erforderliche gesagt.

Charlottenburg. Privatdozent Dr. Waldecker.

Neumeyer, Dr. K., Universitätsprofessor in München.

Die gemeinrechtliche Entwicklung des internationalen Privat- und Strafrechts bis Bartolus.
I: Die Geltung der Stammesrechte in Italien. gr. 8°. VII, 313 S. 1901. Mk. 8.—.

Neumeyer, Dr. K., Universitätsprofessor in München.

Internationales Verwaltungsrecht. Innere Verwaltung I. Lex. 8°. VIII, 560 S. Mk. 16.—; geb. Mk. 18.50.

Rehm, Dr. H., Universitätsprofessor in Straßburg i. E.

Modernes Fürstenrecht. gr. 8°. XII, 476 S. 1904. Mk. 12.50; geb. Mk. 14.—.

Rehm, Dr. H., Universitätsprofessor in Straßburg i. E.

Prädikat- und Titelrecht der deutschen Standesherren. Eine rechtlich-kulturgeschichtliche Untersuchung im Auftrage des Vereins der deutschen Standesherren. Lex. 8°. VIII, 359 S. 1905. Mk. 11.50.

Riezler, Dr. E., Universitätsprofessor in Freiburg i. Br.

Deutsches Urheber- und Erfinderrecht. Eine system. Darstellung. I. Abt. Allg. Teil. Besonderer Teil: Urheberrecht an Schriftwerken und Tonwerken; Urheberrecht an Kunstwerken und Photographien; Geschmacksmusterrecht. 8°. XII, 494 S. Mk. 10.—; geb. Mk. 11.50.

Weyl, Dr. Richard, Universitätsprofessor.

System der Verschuldensbegriffe im Bürgerlichen Gesetzbuch für das Deutsche Reich. Lex. 8°. XII, 664 S. 1905. Mk. 1.—.

J. Schweitzer Verlag (Arthur Sellier) München, Berlin und Leipzig.

Das internationale Kriegs- und Friedensrecht.

Die Haager Friedenskonferenz. Von Dr. Christian Meurer, Professor an der Universität Würzburg.

Band I:

Das Friedensrecht der Haager Konferenz

Gr. 8°. VIII, 391 Seiten. 1905. Preis brosch. **Mk. 15.—.**

Der I. Band des Meurer'schen Quellenwerkes enthält neben einer allgemeinen Geschichte der Haager Konferenz eine Darstellung sämtlicher friedensrechtlicher Abkommen und der internationalen Schiedssprechung.

Band II:

Das Kriegsrecht der Haager Konferenz

Gr. 8°. XIII, 689 Seiten. 1907. Preis brosch. **Mk. 26.—.**

Der II. Band ist zurzeit von ganz besonderem Interesse. Sämtliche Fragen des modernen Land-Kriegsrechts, die auf der ersten Haager Konferenz zur Verhandlung gekommen sind, finden in dem Werk eingehende Bearbeitung auf Grund der offiziellen Protokolle.

Übersicht über

die Arbeiten der Haager Friedenskonferenz

insbesondere das Abkommen zur friedlichen Erledigung internationaler Streitfälle vom 29. Juli 1899.

Von **Dr. Christian Meurer,**
Professor der Rechte in Würzburg.

Gr. 8°. 60 Seiten. 1903. **Mk. 1.80.**

Die Genfer Konvention und die Frage ihrer Reform.

Von **Dr. Christian Meurer,**
Professor der Rechte in Würzburg.

Gr. 8°. VII, 67 Seiten. 1906. **Mk. 3.—.**

J. Schweitzer Verlag (Arthur Sellier) München, Berlin und Leipzig.

Dr. F. P. Datterer & Cie. (Inh. Arthur Sellier) München und Freising.

MIX
Papier | Fördert gute Waldnutzung
FSC® C083411

Kolibri 360 GmbH
Ferdinand-Jühlke-Straße 7
99095 Erfurt, Deutschland
produktsicherheit@kolibri360.de